정해진 미래

인구학이 말하는 10년 후 한국 그리고 생존전략

정 해 진 미 래

조영태 지음

넉스톤

인구학이 그려내는 미래의 모습을 보고
각자의 삶이 그 안에서 어떻게 펼쳐질지 성찰한다면
우리의 미래를 좀 더 긍정적인 방향으로 정해갈 수 있을 것입니다.

불투명한 미래에서 정해진 미래를 보는 법

요즘 우리는 매우 불안하다. 이 불안감은 주로 미래에 대한 것이라 할 수 있다. 미래에는 과연 지금보다 사정이 나아질까? 이 불안을 해소하기 위해 나름대로 예측을 하려고 하지만, 참고할 만한 자료도 방법도 마땅치 않다. 미래학자들은 거시적인 전망을 외치고 해마다 많은 미래예측서도 나오는데, 과연 100% 믿어도 될지 의구심이 들기도 한다. 무엇보다 그들이 그려주는 미래라는 그림 속에 '나'의 위치를 찾기가 쉽지 않다. '몇 년 후에 세상이 어떻게 된다'는 말이 개인의 삶 속에 충분히 와 닿지 않는 것이다.

왜 그럴까?

현재라는 지지대 없이 미래만 그렸기 때문이다. 현재 상황이 이렇고 흘러가는 방향이 이러하니 미래는 이렇게 만들어질 것이라는 개연성 있는 '스토리'가 제시되어야, 사람들은 비로소 납득하고 그에 맞는 대안을 궁리하게 된다. 그런데 대부분의 미래예측에는 그 '스토리'가 없을뿐더러 '개연성 있는 스토리'는 더더욱 보기 힘들다.

그런데 여기서 잠시 생각해보자. 우리는 왜 미래를 궁금해하는지.

여러 가지 이유가 있겠지만, 궁극적으로는 오늘 하는 일이 미래에 쓸모 있도록 하기 위해서가 아닐까? 지금 내가 하는 노력이 미래의 더 나은 나를 만드는 데 전혀 도움이 안 된다면 허무하니 말이다.

예컨대 우리는 이런 것들을 궁금해한다. 지금 초등학생 자녀를 둔 많은 가정은 월수입의 4분의 1 혹은 3분의 1을 자녀(들)의 사교육비로 지출하고 있는데, 이게 잘하는 걸까? 잘하는 건지도 모른 채 일단 그냥 쓰고 있다. 들리는 소문으로는 지금 서울대 나온 사람들도 취직을 못하고 있다는데, 기를 쓰고 대학에 보내는 게 맞는 건가? 그래도 기성세대들은 서울대에 가면 무조건 좋아졌으니, 일단 그 공식에 의지해 '사교육 올인'에 패를 던져본다. 미래의 성공기준을 알지 못하기에 기존의 방식에 기대는 것이다. 이런 사람들에게 현재와 미래의 모습을 그려준다면 지금보다 훨씬 내실 있게 미래를 준비할 수 있지 않을까?

요컨대 우리에게는 앞으로의 삶을 잘 준비하게 해줄 '기준'이 필요하다. 동네 슈퍼마켓을 하고 싶은데 인근 대형마트에 밀리지 않고 버틸 수 있을지, 이른바 '철밥통' 공무원이 되려고 불철주야 공부하고 있는데 미래에도 공무원이 계속 철밥통일지, 이런 것들을 가늠하는 판단기준 말이다.

경기동향, 주가추이, 문화담론의 변화 등, 미래를 판단하는 프레임은 여러 가지가 있다. 이 중 어느 것이 나은지는 저마다 주장이 엇갈릴 것이다. 이 모든 것들이 서로에게 영향을 주고 있어서 무엇 하나 독립적인 예측이 불가능하기 때문이다.

그러나 지금까지 검증된 가장 정확한 예측 툴이 '인구'라는 데에는 크게 이론異論이 없다. 이민 등 해외 인구이동이 극심하지 않은 한, 10~20년 정도의 미래를 예측하는 데 현재로서는 인구만큼 정확한 툴이 없다. 왜냐하면 인구변화는 앞으로 태어날 사람과 사망할 사람에 의해 결정되는데, 앞으로 10~20년 동안 출산을 해줄 '어머니'의 크기는 현재 생존해 있는 15~49세 가임기 여성들의 수이고, 사망할 사람들은 현재 생존해 있는 고령자들의 수이기 때문이다. 현존하는 가임여성과 고령자의 인구규모를 토대로 태어날 사람과 사망할 사람을 추산할 수 있기에 인구변화는 비교적 정확히 예측 가능하다. 물론 출산과 사망의 수준은 사회제도, 환경, 경제, 문화, 기술 등의 요소들에 따라서도 달라지지만 영향력이 크지 않기 때문에, 미래 사회를 구성하는 그어떤 요소들보다 인구를 보는 것이 정확한 예측이 가능하다.

만일 출산 가능한 여성의 크기가 모든 연령대에서 차이가 없고 출산율도 변화가 없다면 매년 태어나는 아이의 크기는 일정할 것이다. 또 고령자들도 각 연령대의 크기가 같고 사망률에 변화가 없다면 매년 사망하는 사람들의 크기도 일정할 것이다. 이처럼 새롭게 추가되는 아이의 수와 사망하는 사람의 수가 매년 안정적이라면 인구는 미래를 예측하는 데 별다른 도움이 되지 않는다. 이 경우에 인구는 미래를 예측하는 변수變數가 아니라 이미 고정되어 있는 상수常數이기 때문이다.

반면 매년 출산하고 사망하는 인구가 갑자기 크게 늘거나 줄어든다면 어떻게 될까? 사회 전반에 일어나는 파장은 그 이상 커질 수밖에 없다. 변화된 인구와 기존의 사회구조 사이에 격차가 생겨 사회문제가 발생하고, 사회구조가 인구에 맞게 변화하는 과정에서 또 한 번 진통을 겪어야 한다.

지금의 우리나라가 바로 그 경우다. 지난 40년간 출산율이 지속적으로 감소해왔고 특히 2002년부터 전 세계에서 가장 낮은 수준으로 출산율이 하락했다. 그뿐 아니라 사망률도 같은 기간 동안 계속 감소하면서 평균수명이 전 세계에서 가장 낮은 수준에서 가장 높은 국가들 가운데 하나로 이동했다. 당연히 인구의 연령구조는 현재의 다이아몬드 형태에서 곧 역삼각형이 될 것이고, 기존 사회구조가 이에 빠르게 적응하지 못하면 지금까지 경험해보지 못한 다양한 사회문제들이 발생할 것이다.

급변하는 인구는 사회구조에 어떤 식으로든 압력을 줄 수밖에 없기에, 우리로서는 그 압력을 최소화하는 방안을 모색해야 한다. 즉 인구변화의 추세를 살펴 앞날을 감지하고, 이에 알맞은 사회구조를 예측함으로써 적절한 대응책을 준비해야 한다.

인구변동을 예측해 미래에 대비할 때에도 우선순위가 있다. 예컨대 사회제도는 언제나 변화하는 세상과 충돌을 빚게 마련이지만, 그래도 상대적으로 변동이 쉬운 편이다. 과거 베이비붐 세대가 초등학교에 입학했던 1970~80년대에는 학교가 부족하자 한 반에 70명씩 수업을 듣고, 그것으로도 모자라 오전반, 오후반으로 나눠서 수업을 했다. 그사이에 한쪽에서는 부지런히 학교를 짓고 교사를 충원했다. 이런 식으로 제도와 시설은 몇 년 안에 어떻게든 변화에 맞추게 된다. 하지만 가치관이나 문화처럼 비물리적인 환경은 세상이 변한다고 휙휙 바뀌기 어렵다. 사람들의 생각 기준은 미래가 아니라 현재, 때로는 과거에 맞춰져 있기 때문이다. '내가 해보니 이게 맞아'라면서. 그래서 지금도 수많은 학부모들이 자녀들을 입시지옥의 외길로 몰아넣고 있지 않는가. 어쨌든 공부 잘해서 좋은 대학에 가면 살길은 열린다던 과거의 잣대를 버리지 못했기 때문이다.

인구변화가 크지 않다면 그나마 심각한 문제는 없다. 우리나라가 30~40년 전처럼 지금도 인구가 급속히 늘어나서 대학 가기가 하늘의 별따기 같다면 학부모들의 판단기준은 맞을 수 있다. 그러나 본문에서 다시 살피겠지만, 10년 내에 수많은 대학이 도산 위기에 빠지게 될 것이다. 왜냐, 학생들이 적어서 대학이 정원을 채우지 못할 것이기 때문이다. 산술적으로는 10년 안에 입시 경쟁률이 1대 1 이하로 떨어져, 원하기만 하면 누구나 대학에 갈 수 있게 된다. 그런데도 자녀를 대학에 보내려고 온가족이 희생을 감내해야 할까?

이처럼 인구가 급속하게 변화할 때에는 기존의 판단근거가 제대로 기능할 수 없다. 그러므로 인구변동 시대에 미래를 준비하려면 우선 인구가 어떻게 변화하는지, 얼마나 빠르게 변하는지 등을 판단하고, 현재의 사회구조가 어떻게 변화할지 예측해야 한다. 그래야 그에 맞게 우리의 미래도 설계할 수 있다.

더욱이 우리는 현재 유례를 찾아보기 어려운 극심한 인구변동을 겪고 있다. 1955~74년에 태어난 베이비부머 1, 2세대들은 매년 거의 90만~100만 명씩 출생했다. 그 후 30년 만에 한 해 출생아가 40만 명 수준으로 떨어지더니 이제는 그마저도 위태롭게 되었다. 지난 10여 년간 정부와 사회가 저출산 문제를 해소하기 위해 많은 노력을 기울였지만 오히려 저출산 현상은 점점 심해지고 있다. '두 자녀, 세 자녀를 낳으면 애국자'란 말까지 나올 정도다.

하지만 '이대로 가다간 20○○년에 한국이 없어진다'는 식의 산술적 통계와 묵시록 같은 예언만 난무할 뿐, 인구가 적어지면 한국사회가 실제로 어떻게 될지 피부에 와 닿게 설명하는 심층적인 분석은 거의 없었다. 그나마 있는 분석도 저출산이 노동력의 부족으로 이어지고, 고령인구에 대한 사회적 부양부담이 커질 것이라는 내용이 주를 이룰 뿐, 저출산 세대가 사회에 미치게 될 영향 혹은 반대로 사회가 이들에게 미치는 영향에 대한 관심은 상대적으로 적었던 것이 사실이다.

이 책은 현재부터 저출산 세대가 사회에 본격적으로 진출하게 될 미래까지의 전체적인 사회변화상을 보여줄 것이다. 무수한 숫자와 그래프보다는, 그 안에서 살게 될 사람들의 모습에 초점을 맞추었다. 반 토막 난 출생인구는 당장 부동산과 가족관계부터 변화시키고 있다. 대형 아파트 수요는 벌써부터 줄어들고 있다. 그러면 소형 아파트에 수요가 몰릴 테니, 미리 사놓으면 돈이 된다고 생각할 것이다. 그런데 정말로 그럴 것인가?

여성들의 사회참여가 점점 활발해지면서 맞벌이가 보편화될 텐데, 그러면 아이들은 어떻게 키울까? 이 고민은 조부모와의 관계와 사교육 시장에 변화를 불러온다. 그뿐인가. 학생이 점점 줄어들 테니 학교와 교사가 남아돌게 될 것이다. 현재 가장 선망받는 직업인 교사는 언제까지 '철밥통'일 수 있을까? 지금도 학과 통폐합 등 정원 축소로 몸살을 앓고 있는 대학의 운명은 어떻게 될까?

저출산 세대가 성장함에 따라 인구변화의 여파는 가정에서 학교로 그리고 노동시장 등 사회 전반으로 확장될 것이다. 노동력이 부족해지니 이들이 사회에 진출할 때에는 지금의 청년실업 문제가 해결될까? 줄어든 인구를 대상으로 기업은 어떻게 상품을 판매해야 할까? 산업구조는 어떻게 변화할까? 다수를 점하게 될 고령층에는 어떤 노후가 기다리고 있으며, 어떻게 준비해야 할까? 국민연금은 안전할까?

인구학의 관점에서 볼 때 이 모든 미래는 어느 정도 정해져 있으며, 설명 가능하다. 그것을 아는가 모르는가가 개인과 사회의 운명에 큰 차이를 가져올 것이다. 그러니 알아야 한다. 어떻게 알 것인가? 인구학적 사고와 관점으로 미래를 보는 것이다. 10년 후면 2002년 이후 출생한 초저출산 세대들이 20대 주류를 형성하게 된다. 이들이 맞닥뜨리게 될 미래는 어떤 모습일까? 인구변화가 이끌어내는 미래의 변화된 사회상을 조금이나마 눈에 잡히는 증거와 함께 볼 수 있다면, 우리는 현재가 아니라 미래를 기준으로 자신의 앞날을 더 잘 준비할 수 있게 될 것이다.

이 책의 제목은 '정해진 미래'다. 이렇게 말하니 마치 비관적 결정론을 설파하는 것 같기도 하다. 그러나 정해진 것은 사회적 미래일 뿐, 개인의 미래는 정해져 있지 않다.

언론에서 한국의 미래가 좋아질 것이라 얘기하는가, 나빠질 것이라 얘기하는가? 대부분 나빠질 것이라 본다. 객관적인 자료를 보면 나빠질 수밖에 없다. 저출산·고령화가 그려내는 미래는 분명히 비관적이다. 그렇다면, 나빠질 미래를 그저 따라가기만 할 것인가?

인구학이 그려내는 미래의 모습을 보고, 우리의 삶이 그 안에서 어떻게 펼쳐질지 성찰한다면, 비록 객관적으로 좋지 못한 여건이라 해도 자신의 미래를 좀 더 긍정적인 방향으로 '정해나갈' 수 있을 것이다. 이것이 이 책의 역할이다. 여러분이 인구학적 사고를 할 수 있도록 돕는 것. 그럼으로써 여러분의 삶 앞에 놓인 리스크를 조금이라도 줄이고 생존전략, 나아가 성공전략을 짤 수 있도록 돕는 것이다.

TV 드라마 〈응답하라 1988〉을 보면서 개인적으로 감정이입을 많이 했다. 덕선이 동생이 딱 내 또래여서 더 그랬던 것 같다. 그런데 나처럼 그 시절을 살았던 사람들은 드라마를 보면서 이런 생각 한 번씩 해보지 않았을까? '저때 이렇게 했더라면 좋았을걸.' 10~20년 전에 내가 뭔가를 했으면 지금 내 인생이 많이 달라졌을 텐데, 하는 아쉬움 한 자락씩은 누구나 있을 것이다.

　이 책에서 말하는 '인구학적 관점'을 여러분의 일상생활에 적용한다면 10년 뒤에 '아이고, 내가 그때 이렇게 했어야 했는데' 하는 후회가 아니라 '내가 이럴 줄 알고 그때 미리 준비했지'라고 안도할 수 있을지도 모른다. 사회적 미래는 정해져 있을지언정 개인의 미래는 매 순간의 판단과 선택과 노력으로 '정해나갈' 수 있는 것이니 말이다. 이 책에서 제시하는 인구학적 관점을 일상에서 구현함으로써 우리 앞에 놓인 미래를 잘 보고, 여러분의 미래를 잘 정해나가게 되기를 기원한다. 이런 노력이 개인 차원에 멈추지 않고 사회 구성원 전체로 확산된다면, 외롭고 삭막한 '각자도생'이 아니라 진정한 '공존'의 지혜를 모색할 수도 있을 것이다. 그렇게 된다면 정말 좋겠다.

조영태

Contents

Chapter 5 ────────────────────────
작고 안정적인 한국을 준비하자

인구가 줄어들 것이라고 걱정이 많다.
사실 인구는 이 순간에도 늘고 있는데 말이다.
정확히 말하면 현 상황은
인구가 줄어드는 것이 아니라
'출산율'이 낮아지는 것이다.
출산율이 떨어지면 우리의 삶에
구체적으로 어떤 영향을 미치게 될까?
아이를 처음 맞이하는 사회,
바로 가족을 둘러싼 영역에
가장 먼저 그 변화가 나타난다.

현재가 아닌 미래를 기준으로 삼아라

Chapter 1

‘인구학’이라는 단어를 들으면 가장 먼저 무엇이 떠오르는가?

맬서스Thomas Robert Malthus?

한국사람들은 학창시절에 공부를 열심히 한 덕분에 많은 이들이 ‘인구학’이라 하면 조건반사처럼 ‘맬서스의 인구론’을 떠올린다. 기성세대는 누구나 중고등학교 때 ‘식량은 산술급수적으로 증가하는 반면 인구는 기하급수적으로 증가한다’는 맬서스 이론의 핵심요약을 외운 기억이 있을 것이다. 인간은 늘었는데 식량은 턱없이 모자라고, 결국 기근이 생기니 인구를 관리해야 한다는 것이 맬서스 인구론의 주요 골자라고 배웠다.

우리가 아는 것은 여기까지다.

우리나라에서 아직까지는 인구학 연구가 활발히 이루어지지 않았기에 일반인들에게 인구학은 다소 생소할 수도 있다. 현재 국내에 인구학이란 전공분야를 둔 학교도 서울대학교 보건대학원밖에 없다. 심지어 인구학자인 나도 학부 때에는 인구학에 대해 공부해본 적이 없다. 사회학을 전공하면서 미국으로 유학을 갔는데, 내가 공부한 텍사스 대학이 인구학으로 유명한 곳이었다. 그때 지도교수께 배워서 연구하게 된 것이 인구학이다.

단순하게 말해 인구학은 사람이 태어나고 이동하고 사망하는 것, 이 3가지를 다룬다. 출생과 사망과 이동의 원인이 무엇이고 결과가 무엇인가를 보는 학문이다. 세부적으로는 크게 형식인구학formal demography과 사회인구학social demography으로 나뉜다. 전자는 사람들이 흔히 생각하는 인구학의 개념으로, 한마디로 '사람 세는 것'이다. 정확히 셀 수 있는 방법을 개발하는 것이 형식인구학이다. 이렇게 말하면 따분해 보이지만 사람 숫자를 정확히 세는 것은 매우 중요하다. 한편 사회인구학은 출생, 사망 그리고 이동하는 인구가 매년 달라지는 원인을 찾아내고 그 결과로 생겨나는 사회의 변화를 연구한다. 형식인구학은 우리나라에서 통계청이 주로 담당하고 있고, 나는 사회인구학 분야를 연구한다.

이 책에서 계속 강조하게 될 '인구학적 관점'이란, 매우 복잡해 보이는 인구현상들을 풀어낼 수 있는 능력을 가리킨다. 복잡한 문제는 언제나 있다. 예컨대 출산율도 그냥 숫자만 세는 것이 아니라 왜 해마다 변화하는지 파악해야 한다. 여기에는 교육문제도 있고 노동문제도 연관돼 있다. 이런 것들을 하나하나 끄집어낼 수 있는 능력을 인구학적 관점이라 한다. 이를 갖추는 것은 물론 연구자의 기본 소양이지만, 인구학적 관점을 갖게 되면 세상 살아가는 데 많은 도움이 된다. 무엇보다도 미래를 대비하는 데 매우 유용하다.

인구를 통해 보라

──────────── 처음에는 인구학자인 나도 인구학적 관점에 대해 별다른 생각 없이 살았다. 그러다 학문이 아닌 내 삶에 인구학적 관점을 적용하게 된 계기가 있다.

젊은 교수가 부임하면 한국 대학의 관행상 논문을 많이 써야 한다. 나 또한 서울대학교에 부임한 초기에는 논문 부담이 커서 상대적으로 쉬운 주제를 찾아 쓰곤 했다. 그러다 보니 어쩔 수 없이 거시적인 연구보다는 작은 주제를 잡고 데이터를 추출해서 논문을 쓰게 되고, 몇 년을 그렇게 지내고 나니 자연히 시야가 좁아졌다. 그 와중에 어디에 투자하면 돈이 된다더라 하는 소문이 들리면 나도 모르게 귀가 솔깃해지기도 했다.

그러다 가만히 생각해봤다. 사람들이 뜬소문에 휩쓸려 눈먼 돈을 날리곤 하는데, 내가 연구한 인구학적 관점은 이러지 말라고 하지 않는가? 복잡다단한 문제를 하나씩 풀어내는 능력이 인구학적 관점인데, 그걸 가르치는 나조차 내 일상에 적용하지 못하고 있음을 비로소 깨달은 것이다. 그래서 깊은 반성과 함께 시험 삼아 내 삶에 인구학적 관점을 한번 적용해보기로 했다.

가장 먼저 아이들 교육문제에 대해 생각해봤다. 지난하기만 한 교육의 실마리를 어디서부터 풀어야 할지 고민하다가 두 딸과 연관 있는 숫자를 가지고 미래를 예측해보기 시작했다. 가장 먼저 눈에 들어온 데이터는 첫째아이가 태어난 2002년의 출생인구가 약 49만 명으로, 2000년의 63만 명에 비해 갑자기 14만 명이나 줄었다는 통계였다. 14만 명이 2년 만에 줄어든다는 것은 상식적으로 불가능하다. 그 와중에 교사임용은 계속 늘려가고 있었다. 당시에는 우리나라 교사당 학생 수가 너무 많다는 의견이 비등했기 때문에 교사를 많이 뽑았다. 아무리 그래도 그렇지, 아이들이 줄어드는데 교사는 늘어난다니 뭔가 이상했다. 그래서 자세히 분석해보니, 말도 안 되는 일이 5년 후부터 일어나겠다는 판단이 들었다. 그때 절감했다.

'아, 현재 이슈만으로 의사결정을 해서는 안 되겠구나!'

현재의 문제에 급급한 의사결정이 아닌 미래를 대비하는 의사결정을 하려면 현상을 액면 그대로 받아들일 것이 아니라 인구학적 관점에서 바라보아야 한다는 생각이 분명해졌다. 그때부터 인구학적 관점의 중요성을 사람들에게 강조하기 시작했다.

인구학적 관점은 정말 다양한 것들을 본다. 단순한 인구변화상을 넘어 이 변화에 어떤 특성이 있는지, 어떤 현상이 일어나는지를 두루 살핀다. 여기에는 역사적 과정, 사회구조, 인간의 삶이 모두 들어 있다. 한마디로 인구는 사회를 이야기하는 학문이다. 그러다 보니 자연스럽게 미래와도 연결된다. 사회에는 현재도 있지만 과거와 미래도 있지 않은가. 현재 벌어지는 일들이 미래에 어떤 영향을 미칠지 예측할 때 인구학적 관점이 큰 통찰을 줄 수 있다.

예컨대 누군가 10년 후 한국경제가 좋아질지 나빠질지 물으면 어떤 대답들이 나올까? 국가는 좋아진다고 말할 것이다. 국가는 그렇게 말할 수밖에 없다. 그러나 국민에게 물어보면 과연 그렇게 대답할까? 그럴 국민은 많지 않을 것 같다. 그런데 사실 그렇게 말하는 국가나 국민도 정말 그렇게 될지는 잘 모른다. 통일되면 어떻게 될까? 다른 나라에 전쟁이라도 일어나면? 변수가 너무 많기 때문에 미래를 예측하기 쉽지 않다.

반면 인구는 약 20년까지는 다른 어떤 기준보다 정확하게 미래를 알려준다. 출생, 이동, 사망에 의해 변화되는 인구보다는 20년 동안 변하지 않는, 즉 죽지도 이동하지도 사망하지도 않고 그 나라에 그대로 있는 인구가 훨씬 많으므로 비교적 정확한 예측이 가능하다. 현재 생존해 있는 이들이 나이 들면서 어떤 특성을 띠게 될지 잘 생각하면 거의 20년 후까지 예측할 수 있다.

인구변화가 영향을 미치는 사회영역은 실로 다양하다. 우선 인구는 재화와 서비스의 소비자이자 생산자다. 인구가 줄어들면 당장 기업에 비상이 걸린다. 상품을 사줄 사람과 만들 사람이 모두 부족해지므로. 그리고 사회적 자원이 투여되는 대상이기도 하다. 요즘 세금을 올린다고 말이 많고 국민연금을 손보겠다는 소식도 가끔 들리는데, 이 또한 인구구조가 바뀌기 때문에 벌어지는 현상이다.

또한 인구는 국가의 서비스와 정책이 시행되는 대상이다. 국가의 발전단계와 인구구성, 인구변화 양상에 따라 국가의 서비스와 정책이 달라진다. 예컨대 우리나라는 인구가 '복지'와 관련된 키워드인 반면 베트남 같은 개발도상국에서는 인구가 '개발'과 관련 있다. 과거 새마을운동을 하던 시절에는 우리나라 인구정책도 '개발'에 초점이 맞춰져 있었다. 당장 노동에 투입될 수 없는 인구가 많으면 경제개발이 늦어지니 그 부담을 덜기 위해 가족계획을 적극 추진했다. 베트남 역시 지난 수십 년 동안 아이를 2명만 낳는 가족계획을 시행했는데, 이제 방점을 옮기려 하는 중이다. 합계출산율 2명인 추세가 10여 년간 지속되고 있는 만큼 가족계획의 비중은 줄이고, 인구를 사회개발 및 경제개발과 함께 묶어서 정책을 정하려 하고 있다.

정치적 의사결정에도 인구는 가장 큰 변수다. 단적으로 드러나는 것이 선거다. 성인이면 각자 한 표씩 투표권을 행사하는데, 여기에서 어떤 인구집단을 지지층으로 끌어들일 것이냐가 정치권에는 매우 중요한 이슈다. 2012년 대선 때에는 2030대 5060의 세대 간 대결구도가 형성되었다. 당시 민주당은 질 수밖에 없는 게임을 한 것이다. 2030은 5060에 비해 훨씬 숫자가 적은데 어떻게 이기겠는가. 더욱이 말이 5060이지, 이 안에는 70대 이상의 노년층까지 모두 포함된 대결구도였으니 크기로 볼 때 결코 이길 수 없다.

때로 인구는 국경을 초월하는 영향력을 행사하기도 한다. 여기에서 가장 중요한 이슈는 '인구이동'이다. 최근 시리아 내전 때문에 유럽이 난민 문제로 고민이 많은데, 이 또한 결국 인구이동에 얽힌 문제다. 영국이 EU에서 탈퇴하기로 결정한 다양한 이유 가운데 가장 크게 부각된 것 또한 이주민 문제였다. 우리나라만 봐도 현재 인구가 늘지 않으니 해외에서 인구를 받아야 한다는 말이 나온다. 그러나 젊은 인구는 오히려 해외로 빠져나가고 있다. 이것도 궁극적으로 인구이동에 관한 이슈다.

인구가 국경을 넘으면 들어가는 나라에도 영향이 있지만 빠져나가는 나라에도 영향이 있을 수밖에 없다. 규모가 클수록 양쪽에 미치는 영향력도 당연히 커진다. 더욱이 일할 사람들이 대규모로 이동한다? 이럴 때의 파장은 훨씬 커진다. 이들이 재화의 생산자이며 소비자이기 때문이다.

이처럼 인구는 다양한 영역과 층위에서 사회를 움직이는 가장 중요한 변수 중 하나다. 이를 연구하는 학문이 인구학이며, 국가나 조직 그리고 개인이 정책이나 의사결정을 할 때 판단의 기준reference을 제공하는 것이 인구학적 관점이다.

인구, 늘어야 하나, 줄어야 하나

──────────────── 인구학이 학문으로 정립된 것은 그리 오래지 않았지만, 사실 인구에 관한 논의는 고대로부터 지속적으로 있어왔다. 고대의 인구 관련 이슈는 크게 두 가지였다. 인구를 늘려야 한다는 것과 줄여야 한다는 것이다. 시대에 따라 때로는 산아제한론자antinatalist가, 때로는 출산촉진론자pronatalist가 득세하곤 했다. 인구정책에 업앤다운up & down이 있다

는 것이다.

출산촉진론자들은 누구였을까? 예컨대 중국 춘추전국시대 제후들은 굳이 분류하자면 출산촉진론자라 할 수 있다. 당시 제후들은 서로 인구를 끌어들이려 했다. 당시 무수한 사상가들도 '덕을 쌓아라, 그래야 백성이 모인다'고 했다. 백성이 모여야 제후가 기반한 땅이 굳건해지고, 그곳에서 소출이 많이 나와야 나라가 강해진다는 논리였다. 인구는 부국강병의 첫 번째 요건이었음을 깊이 인지했던 것이다. 위정자들이 성군聖君이 되고자 노력했던 이유도 결국 이것이었다.

이처럼 과거 동양에서는 인구가 늘어나야 한다는 것이 기본 관점이었다. 몽골은 고려를 침략했을 때 포로 20만 명을 본국에 끌고 갔는데, 환속금을 받기 위해서이기도 했겠지만 기본적으로는 모자라는 인구를 채우기 위해서였다. 유목민은 대개 인구가 부족하다. 정주해야 소출이 나오고 번성할 수 있는데, 유목생활에서는 언제 어디서 먹을 게 나올지 알 수 없다. 그래서 부족해진 인구를 채우는 방법으로 약탈이 사용된 것이다.

로마의 건국신화를 보면 로물루스와 레무스가 나라를 만들었는데, 나라를 세우고 보니 여자가 귀했다고 한다. 그래서 할 수 없이 인근의 여자들을 약탈해왔다. 여자를 빼앗긴 남자들이 세력을 정비해 로마로 쳐들어왔지만 이미 늦은 후였다. 그사이 여자들은 로마에서 아이를 낳고 가정을 이뤄 살고 있었던 것이다. 그래서 여자들의 중재로 두 부족이 함께 살았다는 전설 같은 이야기가 전해진다. 비단 신화가 아니더라도 로마시대 때에는 시민이 점점 줄어드는 데 위기감을 느껴 인구를 유지해야 한다는 주장이 강하게 제기되곤 했다.

역사 밖 신화 이야기가 나온 김에, 이번에는 성서를 살펴보자. 구약 창세기에는 "내가 네게 큰 복을 주고 네 씨가 크게 번성하여 하늘의 별과 같고 바닷가의 모래와 같게 하리니"라는 구절이 나온다. 무수히 많은 자손을 남겨 번성하라는 뜻이다. 기독교만이 아니라 이슬람에서도 아이는 많이 낳아야 한다고 설파한다.

중상주의重商主義 학파들도 인구가 많아야 한다고 주장했다. 사람이 많은 편이 상업을 진작해 국가의 부를 증대하는 데 유리하기 때문이다. 그래야 생산도 늘고 소비도 늘지 않겠는가. 자국의 인구증가만으로 경제발전을 이끌기 어려우면 해외로 나가서라도 생산 및 소비인구를 늘리고 시장을 키우려 했다. 이러한 발상의 종착점이 식민 지배다. 제국주의 국가들이 식민지 점거를 하는 데 전초기지 역할을 했던 동인도회사 등이 만들어진 배경이다.

이와 반대로 산아제한론자들은 인구를 '조절'의 대상으로 본다. 그 옛날 공자는 이렇게 말했다. "백성이 늘어나는 것은 좋은 일이다. 그러나 정부는 반드시 인구와 자원 간의 균형을 맞춰야 한다." 인구촉진론자 일색이던 시절에 이런 주장을 펼쳤다니 놀라운 소신이다.

플라톤도 말했다. '인구의 양보다는 질이 더 중요하다'고. 그러면서 인구는 안정되어야 한다고 했다. 그가 군이 '질質'을 강조한 것은 시민인구와 노예인구를 구분하기 위함인지도 모르겠는데, 여하튼 '질'에 대한 언급은 현재 미국 기득권층이 가지고 있는 고민과도 통한다. 미국 인구는 지금도 늘고 있다. 이민도 여전히 많은 데다 출산율도 높은 편이다. 그런데 미국의 백인 인구학자들은 큰일 났다고 걱정한다. 백인 인구비중이 낮아지고 있기 때문이다. 2016년 미국 대선 초기 트럼프에 대한 지지도가 말도 안 되게 높았던 이유가 이것이다. 트럼프는 백인의 위기의식을 자꾸 자극했다. '미국의 주인은 백인인데 왜 히스패닉이 중심이 되어야 하느냐?'라며.

이 밖에 중농주의 학파도 산아제한론의 입장에 섰다. 그들은 부富라는 것은 사람이 아니라 땅에서 나온다고 보았다. 그러므로 인구 크기는 땅에 맞춰 조절되어야 한다는 주장이었다. 우리가 학교 다닐 때 실컷 들었던 '인구밀도'라는 개념과도 통하는 면이 있는 주장이다. 상업하는 사람들에게는 사람이 중요하고 농업하는 사람에게는 땅이 중요한 입장 차를 볼 수 있어 흥미롭기도 하다. 생산의 주체가 사람의 손이면 사람이 많아야 하고, 땅이면 땅이 넓어야 하는 것.

우리에게 가장 잘 알려진 산아제한론자는 뭐니뭐니 해도 단연 맬서스다. 그가 18세기 말에 쓴 《인구론Essay on the Principle of

Population》이라는 책의 요지는 이렇다. 산업혁명이 가속화되면서 도시빈곤 문제가 매우 심각해졌다. 산업이 발달하는데도 사람들은 왜 점점 더 가난해질까? 질병으로 사람들은 계속 죽어나가고, 아이들은 인권이라곤 없는 작은 노동자일 뿐이고….

왜 그럴까 이유를 생각해보다가 맬서스는 '이것이 다 인구 때문'이라는 결론에 도달했다. 산업혁명으로 사람들은 도시로 몰려드는데, 도시가 제공할 수 있는 자원과 제도는 한계가 있으니 개인은 궁핍해질 수밖에 없다는 것이다. 자원은 산술급수적으로 증가하는데 인구는 기하급수적으로 늘어나니, 인구가 자원을 추월하는 순간부터 '인구과잉overpopulation'이 나타나고, 그 결과가 빈곤이라는 것이다.

맬서스가 더욱 주목한 점은, 부르주아지는 그 시절에도 자녀를 2~3명밖에 낳지 않는 반면 하층민들은 마구 낳고 있더라는 사실이었다. 맬서스가 본 빈곤의 이유는 한마디로 하층민들이 '흥부'여서였다. 살림은 가난한데 아이만 부자라는 것. 이러한 추론을 바탕으로 맬서스는 빈곤문제를 해결하기 위해서는 인구를 '체크check'해야 한다고 주장했다. 체크에는 아시다시피 '점검'과 '억제'의 의미가 모두 포함돼 있다. 제때 체크해서 출산을 관리하지 않으면 하층민의 인구가 무한히 증가해 빈곤의 악순환을 낳기 때문이다.

맬서스의 주장에는 흥미로운 지점이 있다. 빈곤을 사회구조적 문제가 아니라 철저히 개인의 문제(아이를 많이 낳아서!)로 보았다는 것이다. 틀린 말은 아닌 듯하다. 몇 명이나 낳을 것인가는 국가나 사회에도 중요하지만 개인에게도 매우 중요한 문제다. 가진 게 없으면 아이를 많이 낳을 수 없다. 있는 자식도 다 키울 수 없다. 실제로 1960년대의 우리나라 서민들도 장남만 고등교육을 받게 하고 딸들은 다 도시 공장에 돈 벌러 보내지 않았는가. 그들이 돈을 벌어서 부모에게 생활비를 보냈다. 아동노동이 엄격히 금지된 오늘날에는 상상하기 힘들지만 불과 한두 세대 전까지만 해도 드물지 않은 광경이었다. 여하튼 이처럼 개인적 차원에서도 인구는 조절해야 하는 대상이다.

그렇다면 인구증가를 막기 위해 무엇을 어떻게 '체크'해야 한다는 것일까?

맬서스의 아이디어는 두 가지였다. 하나는 이미 있는 인구를 줄이는 것positive check(양성제어)이고, 다른 하나는 태어날 아이를 줄이는 것preventive check(예방성 제어)이다. 인구의 양성제어는 실행하기도 까다롭지만 윤리적으로도 말이 안 된다. 인구학의 관점에서 보면 히틀러는 양성제어를 실행한 대표적인 인물이다. 인구는 통제의 대상이라는 인식에 민족주의가 결합돼 순수 독일 혈통만 남기고 다 없애려 하지 않았는가. 그가 자행한 홀로코스트도 말하자면 양성제어인 셈이다.

'007'류의 영화도 양성제어를 바탕으로 전개된다. 어느 날 미치광이가 나타난다. 그는 스스로 천재라고 생각한다. 하필 돈도 많은 이 미치광이가 불현듯 세상을 재편하기로 결심한다. 인구가 너무 많아서 온갖 문제가 일어나므로 인구를 줄이겠다는 것이다.

간혹 현실에서도 이런 말을 하는 사람들이 있지 않은가? 사람이 너무 많거나 이상한 사회문제가 연이어 발생하면 전쟁이든 뭐든 사건이 터져서 한바탕 세상이 정리되어야 한다는. 영화 속 악당은 이러한 자신의 주장을 실행에 옮겨 사람들을 마구 죽인다. 대량살상일 수도 있고 선택적으로 죽일 수도 있다. 이를 막는 사람이 바로 007이나 킹스맨이다. 〈설국열차〉에도 양성제어 기제가 들어 있다. 하층민 계급에 잠입한 스파이가 반란이 일어나는 것을 방조하는데, 그 이유는 서로가 서로를 죽여 인구를 조절하기 위함이다. 〈킹스맨〉이나 〈설국열차〉에서 묘사된 갈등의 원인은 결국 인구가 많아서다. 그리고 양성제어의 대상이 누구냐, 즉 누구를 죽일 것인가를 두고 계급갈등이 발생한다는 것이다. 이와 비슷한 설정을 담은 소설로 댄 브라운이 쓴 《인페르노》가 있다. 읽고 나면 인구과잉과 '체크'에 대해 가볍지 않은 철학적 질문을 던지게 된다는 점에서 인구학 수업 때 일독을 권하곤 한다.

그러나 이는 어디까지나 허구로나 가능한 이야기이고, 현실의 인구조절은 예방성 제어에 집중할 수밖에 없다. 그렇다면 어떻게? 맬서스가 가만히 보니 부르주아들은 아이를 둘 정도 낳으면 각방을 쓰며 금욕적인 생활을 하더란다. 그러니 다른 가정에서도 금욕을 실천하면 아이를 덜 낳지 않겠느냐는 것이었다. (참고로 맬서스는 성직자다.)

요약하자면 맬서스는 인구과잉의 결과가 빈곤이고, 빈곤을 없애려면 인구를 줄여야 한다고 주장했다. 그리고 그 방법은 금욕이다. 그게 과연 가능할까?

이에 대한 비판이 사방에서 나왔다. 가장 날선 비판을 한 이들은 맑시스트들이었다. 그들이 보기에 빈곤의 문제는 아이가 많고 적어서가 결코 아니었다. 그들은 어느 사회에나 계급갈등이 있고, 빈곤은 자본계급의 착취 때문에 발생했다고 주장했다.

맑시스트들의 주장에 대한 반론도 물론 있다. 단적으로 말해, 계급갈등이 없는 사회주의 국가에는 빈곤문제가 없었나? 인구문제가 해결됐는가? 결코 아니다. 오히려 사회주의 국가에서 두 자녀 갖기 등의 산아제한 정책을 가장 먼저 시행했다. 대표적인 나라가 중국이고, 베트남도 그렇다. 그러고도 대부분의 사회주의 국가가 빈곤문제를 해결하지 못해 무너졌다. 빈곤인구가 생기는 궁극적 원인은 계급갈등보다는 자원과 인구와의 관계 때문이며, 잘살면 자녀를 여러 명 낳고 못살면 적게 낳을 수밖에 없다는 비판이 제기되었다.

신新 맬서스주의 학자들은 인구과잉이 빈곤의 원인이라는 맬서스의 의견에 동조했다. 다만 금욕을 유용한 해법이라고 생각하지는 않았다. 개인의 욕구를 제한하는 발상은 실효성 있는 사회적 해법이 될 수 없다는 이유에서였다. 그들이 제시한 대안은

'피임'이다. 이것이 오늘날 전 세계에서 시행된 가족계획 사업의 근간이다.

마르크스가 세계에 미친 영향은 엄청나다. 그러나 어찌 보면 마르크스보다 맬서스가 인류에 더 큰 영향을 미치고 있는지도 모른다. '인구를 조절하는 것이 잘사는 길'이라는 만국 공통의 이념이 그에게서 나왔으니 말이다. 우리나라의 새마을운동도 이런 기치 하에 시작되었고, 전 세계의 모든 인구정책이 18세기 말에 만들어진 맬서스의 이론에 기반하고 있다. 일부 비판과 수정이 있긴 하지만, 실제로 해보니 맬서스의 관점이 타당하다는 공감대가 형성되었기 때문이다.

인구정책 모범국의 아이러니 : '그래서 잘살게 되었나?'

──────────────── 재미있는 것은, UN이 맬서스주의를 더욱 확신하게 된 근거가 바로 우리나라라는 사실이다. '한국을 보라. 가족계획을 했더니 잘살지 않나.' 이것이 UN 인구정책을 뒷받침하는 성공사례로 회자되고 있다.

정작 당사자인 우리로서는 놀랄 일이다. 우리나라의 가족계획과 경제발전 간의 상관관계가 어떤지 제대로 연구된 적이 한 번도 없는데 성공사례라니? 하긴 정말 인과관계가 있는지 아니면 우연의 일치인지는 몰라도, 1960년대만 해도 아이를 6명씩 낳다가 1982년에 2명으로 줄었는데, 그즈음부터 경제가 확 일어난 것도 분명한 사실이다.

물론 인구정책과 경제발전을 두고 이런 가정은 해볼 수 있다. 한정된 자원을 집중해서 효율적으로 잘 쓰지 않으면 좋은 결과를 낼 수 없듯이, 교육자원이 분산되면 훌륭한 인재를 키워내기 어렵다. 인구가 많아지면 교육자원이 분산돼 양질의 교육이 어려워지고 기회도 줄어드는데, 출산율을 낮춤으로써 교육의 질을 높일 수 있었다는 추론은 가능하다.

우리나라의 경제성장 요인을 인구 말고 다른 데서 찾을 수는 없을까? 맬서스에 비판적인 연구자들은 인구가 많더라도 교육을 잘 시키면 인구의 질이 높아지고, 질이 높아지면 교육투자에 대한 보상이 훗날 '인구 보너스'로 돌아올 것이라고 말한다. 1960~70년대 부모들이 어려운 여건에서도 자식농사만큼은 잘 짓겠다고 이를 악물었던 결과가 1980년대 한국의 경제성장으로 나타났다는 것이다.

맬서스주의자들은 이런 논지에 대해 '그것도 어느 정도 먹고 살 만할 때의 이야기'라고 말한다. 맨땅에서 풀 뜯어먹고 살아야 하는 형편이라면 어떻게 교육을 해주겠는가? 빈곤이 극심할 때에는 일단 인구를 줄여 교육에 투자할 수 있는 기본여건부터 만들어야 한다는 것이 그들의 일관된 주장이다.

나는 2014년에 우리나라 해외원조 사업의 일환으로 한국국제개발협력단, 즉 코이카KOICA가 에티오피아에서 실시하고 있는 가족계획 사업을 자문한 적 있다. 한 번은 에티오피아 정부의 모부처 차관이 내게 '에티오피아가 못사는 이유가 정말 출산율이 높아서인가? 가족계획을 하면 에티오피아가 잘살 수 있는가?'라는 질문을 던졌다. 에티오피아 정부가 한국에 가족계획사업을 요청한 것일 텐데 정부 차관이 왜 이런 질문을 하는지 의아했다. 그런데 뜻밖에도 차관은 에티오피아의 가족계획사업이 UN의 요청에 의해 실시되고 있으며, 본인은 출산력이 높아서 에티오피아가 잘살지 못한다는 데 의문이 든다고 했다. 한국의 선례를 보면 가족계획을 하면 사회발전을 이룰 것 같기도 하지만, 정말 그럴지 확신이 서지 않는다는 것이었다.

차관과의 대화는 인구와 개발의 관계를 다시 한 번 생각하게 하는 계기가 됐다. 1960년대 초반만 해도 세계 최빈국이었던 우리나라가 발전한 것이 정말 출산율이 낮아졌기 때문일까? 아니면 교육수준이 갑자기 높아지면서 경제가 발전한 것일까? 누구도 정확히 말하기는 어렵다. 사후적으로 원인을 판단하는 것이기 때문이다.

이처럼 닭이 먼저인지 달걀이 먼저인지와 같은 논란은 지금도 계속되고 있지만, 현재로서는 우선 인구규모를 관리하자는 것이 UN 인구정책의 기본 방향이다. 물론 이 정책은 자원이 공평하게 분배된다는 전제조건 하에 가능하다. 정치가 부패한 사회에서는 기껏 인구를 줄여도 그만큼 기득권층에 더 많은 자원과 기회가 집중될 뿐, 하층에까지 자원이 가지 않는다. UN 인구정책의 효과가 나라마다 제각각인 현실적 이유이기도 하다. 한국은 이 점에서도 모범사례로 꼽힌다. 이러한 연유로 전 세계에서 인구정책으로 발전에 성공한 나라는 우리나라뿐이며, 가족계획을 하려면 우리나라처럼 해야 한다고 아프리카 등지의 국가에 홍보되곤 한다.

그러나 우리가 세계에서 독보적인 성공사례로 꼽히는 것은 뒤집어 생각해보면 매우 이례적인 경우라는 뜻이기도 하다. 세계적 통계학자인 한스 로슬링Hans Rosling은 한국은 UN의 모든 데이터에서 아웃라이어outlier라고 했다. 영아사망률, 평균수명, GDP까지 세계 최하 수준에서 최상 수준으로 변화된 단 하나의 예외적 사례라는 것이다. 그렇다면 우리의 방식을 다른 나라에도 적용할 만큼 일반화할 수 있을까? 일각에서 흘러나오는 박정희 전 대통령에 대한 향수가 이 대목에서 힘을 발휘하게 될까? 리더의 강력한 지도력 때문에 이 모든 성공이 가능했다고?

인구학자로서 나는 이렇게 자화자찬하기가 조심스러운 것이 사실이다. 가족계획을 주창했던 초기 학자들은 인구정책으로 잘살게 됐다고 생각할지 모르지만, 한국에서 이렇게 생각할 사람들이 많지는 않을 듯하다. 정치적으로도 민주화되었고 교육도 많이 시켜서 전체적인 인구의 질이 높아졌기 때문에 성장한 것이지, 단순히 아이를 적게 낳아서 발전했다고 말하기는 어렵다. 그러나 내가 해외에서 이렇게 말해도 UN이나 외국에서 볼 때 우리나라의 정치적 발전이나 교육투자가 성장의 중요 요인으로 꼽히지는 않는다. 우리를 객관화해봤을 때는 출산율 저하가 발전의 원동력으로 보이는 듯하다.

더러는 '고난은 나의 힘' 같은 성공공식으로 한국의 발전을 설명하기도 한다. 만약 우리나라 땅이 비옥했다면 농사 지으며 자급자족은 했겠지만 그 이상 발전하지는 못했을 거라는 풀이다. 우리는 땅도 없으니 당장 생존을 위해 수출에 매달려야 했다. 그런데 물건을 만들어 수출하려면 교육이 필요하니 열심히 가르치고 배웠다. 척박함이 오히려 성공의 원동력이 되었다는 것이다.

그러나 이것도 하나의 가설일 뿐, 경제발전과의 인과관계를 끌어내기는 쉽지 않다. 인구학의 관점에서는 앞에서 말한 어떤 설명도 '우리처럼 해야 잘산다'는 주장의 근거가 되기는 어렵다. 우연이든 필연이든, 지나치게 예외적인 경우는 반복되기 어려운데 그것을 본받으라고 할 수는 없지 않은가. 우리의 인구정책을 다른 나라에 섣불리 이식하다가 자칫 더 큰 혼란이 야기될지도 모르는 문제다.

이러한 이유로 나는 해외인구정책 관계자들에게 우리나라 사례를 대놓고 홍보하지 못한다. 더욱이 우리의 인구변화가 긍정적인 결과를 낳았는지에 대해서도 장담할 수 없다. 이제부터 살펴보겠지만, 대책 없이 아이를 줄이자는 정책이 앞으로 불러올 문제는 하나둘이 아니다.

4인 가족은 없다

──────────── 우리나라 인구변화 중 특히 눈여겨보아야 할 대표적인 현상은 '저출산'이다. 우리나라의 저출산 문제가 본격적으로 대두된 것은 2002년부터다. 이때부터 합계출산율이 일반적으로 '초저출산 수준'이라 말하는 1.3명 이하로 떨어졌다.

만약 출산율이 떨어졌다 해도 전체 출산아 수가 요동치지 않았다면 인구크기의 변화가 심하지 않기 때문에 사회에 주는 영향은 거의 없었을 것이다. 하지만 출산율의 변화는 출산아 수의 변화와 함께 발생하는 것이 일반적이고, 변화의 폭이 크면 클수록 사회와 주고받는 상호 영향력 또한 클 수밖에 없다.

우리나라가 2000년대 초반 이후 경험하고 있는 출산력의 변화가 바로 이에 해당된다. 적게 낳는다 해도 1.5명 이상의 수준은 유지하던 합계출산율이 갑자기 1.3명 이하로 떨어지면서 매년 태어나는 출산아 수는 2002년 이후 50만 명을 넘어본 적이 없다. 1990년대만 해도 한 해 70만~80만 명이 태어났다는 사실을 감안해보면 실로 격세지감이다. 만약 출산율이 지금처럼 1.2명으로 유지된다면 내 예측으로는 빠르면 2018년부터 한 해 출산아 수가 30만 명대로 떨어질 것이다.

생각해보면 놀라운 일이다. 그 전까지만 해도 우리나라는 정반대의 문제로 골머리를 앓고 있었으니 말이다. 1960년대 말부터 1970년대 초반까지는 해마다 약 100만 명의 아이가 태어났다. 1970년의 0~14세 인구는 1370만 명이나 되어, 이들이 학교에 입학할 때가 되자 교육자원이 심각하게 부족해졌다. 교실이 모자라서 지금은 상상하기 힘든 '오전반, 오후반' 수업이 실시되기도 했다.

그러다 태어나는 아이가 줄기 시작해 10년 뒤인 1980년에는 0~14세 인구가 1295만 명으로 감소했다. 1990년에는 더욱 줄어서 1097만 명이 되었고, 다시 10년 후인 2000년에는 991만 명이 되었다. 1970년 이후 30년 사이에 아동인구가 400만 명이나 줄어든 것이다.

그 이후 변화는 더욱 급격하여 2015년에는 아동인구가 약 700만 명으로, 불과 15년 만에 거의 300만 명이 감소했다. 10년이 강산도 변한다는 긴 세월이라 해도, 전쟁도 겪지 않았는데 인구가 이렇게 급격히 줄어드는 것은 매우 드문 현상이다.

이쯤 되면 우리가 살펴보아야 할 것이 있다. 이 모든 것이 정부의 강력한 산아제한 정책 때문일까? 정부 정책 외에 출산율이 낮아지게 된 다른 요인은 없을까?

출산율이 낮아진 직접적 요인으로 우선 들 수 있는 것은 비혼 및 만혼晚婚이다. 예로부터 우리나라에는 '혼인적령기'라는 게 있어서, 결혼은 물론이고 첫째아이를 출산하는 연령대가 비슷했다. 통계자료를 보면 1995년에 첫아이를 낳은 아버지의 평균 연령은 29.15세였고, 표준편차는 3.71세였다. 당시에는 아이를 늦게 낳는다 해봐야 33세 정도였다는 뜻이다.

비슷한 교육과정을 거쳐서 비슷한 시기에 사회에 나오고, 비슷한 때 결혼해서 비슷한 때 부모가 되었다. 이처럼 비슷한 사회화 과정을 거친 부모에게서 자라는 자녀들 또한 비슷한 영향을 받으며 사회화를 시작하게 된다. 부모의 연령은 부모의 사회경제적 위치는 물론 그들이 살아온 사회적 환경과 경험을 반영하기 때문이다.

그런데 결혼 시기가 점점 늦어지더니 2015년 여성의 초혼 평균연령이 드디어 30세를 넘겼다. 남성은 32세다. 서울에 살면 여기에 한 살씩 더하면 된다. 석사 공부를 한다면 또 한 살 더하면 된다. 박사를 하면 어떻게 될까? 남자는 한 살을 더해서 35세에 결혼을 하고, 여자는 아예 안 하는 경우가 많다. 본인의 선택으로 하지 않는 경우도 있고, '너무 많이 배운 여자'를 부담스러워하는 한국사회의 편견 때문에 못 하는 수도 있다. 남자들은 어느 대학에서 학위를 받느냐에 따라 조금씩 달라지는데, 기왕에 결혼할 거라면 가급적 빨리 할 것을 권한다. 이유는 뒤에 알려드리겠다.

결혼연령이 높아지면 아무래도 아이도 늦게 낳게 된다. 생물학적으로 아이를 낳을 수 있는 연령대는 정해져 있으므로, 결혼을 늦게 하면 아이를 많이 낳을 가능성도 낮아진다. 그러므로 만혼이 일반적인 한 출산율이 앞으로 높아질 확률은 거의 없다고 봐야 한다. 그래서 정부는 결혼연령을 어떻게든 낮추려고 노력하는데, 잘될지는 모르겠다. 이미 만혼은 한국사회에서 유별날게 없는 문화가 되어버렸기 때문이다.

여기에서 한발 더 나아가 아예 결혼하지 않는 사람들도 늘어나고 있다. 2010년 인구센서스 당시 서울시 35~39세 인구 중 남성의 32%, 여성의 20%가 결혼하지 않은 상태였다. 내가 속했던 연령대가 바로 여기다. 지금은 이들 중 얼마나 결혼했을까? 2015년 인구센서스 결과가 나오지 않아 아직은 모르지만 비혼율이 확 줄었을 가능성은 높지 않다. 아시다시피 늦게까지 싱글일수록 아예 결혼하지 않을 확률도 높기 때문이다. 추측건대 남성의 20%, 여성의 15%가량은 여전히 비혼 상태일 것이다.

인구학에서 매우 중요시하는 개념 중 '생애미혼율'이 있다. 만49세까지 한 번도 결혼하지 않은 사람의 비율을 말한다. 여러분 주변에 그런 사람이 있는가? 아마 없지는 않을 것이다. 2010년에 우리나라 남성의 약 5.8%, 여성의 2.7%가 만49세까지 결혼하지 않았다. 그런데 내가 만49세가 되는 2020년에는 생애미혼율이 얼마로 바뀌어 있을까? 마침 이런 상황을 우리보다 먼저 경험한 나라가 있다. 바로 일본이다. 2010년에 센서스 결과를 보고 일본이 충격에 빠졌다. 만49세까지 한 번도 결혼하지 않은 사람이 남성 20.1%, 여성 10.6%나 되었기 때문이다. 쉽게 믿겨지지 않을 수치다.

그런 사회가 우리에게 오고 있다. 이미 '결혼은 필수가 아닌 선택'이라는 말이 일반화되고 있지 않은가. 그런 경우, 가족이 담지해온 수많은 기능들을 사회가 다 받아줄 수 있는지를 진지하게 점검해보아야 한다. 가족은 출생, 보육, 부양, 경제, 정서적 연대 등 수많은 기능을 수행하는데, 그중 매우 중요한 것이 건강관리 기능이다. 중년 이후의 연령대에서 기혼자가 미혼자보다 더 건강하다는 것은 우리나라는 물론 거의 대부분의 사회에서 나타나는 사실인데, 이는 가족이 건강관리에 중요한 역할을 한다는 방증이다. 그런데 만일 가족 없이 혼자 사는 사람들이 많아지고, 특히 중년 이후의 연령대에서 그러하다면, 이제는 가족이 맡고 있던 건강관리 기능을 사회가 담당해줘야 한다는 것을 의미한다. 지금도 고령화와 관련하여 연금의 안정성과 사회적 비용을 두고 말이 많지만, 생애미혼율과 1인 가구가 크게 늘어나게 되면 이들의 건강관리에 대한 사회적 책임과 비용문제가 매우 심각한 정책적 화두로 떠오를 가능성이 크다.

이처럼 결혼연령이 올라가고, 아예 결혼하지 않는 사람이 많아지면 출산율도 당연히 영향을 받게 된다. 물론 비혼 상태에서 성적 파트너가 있는 경우도 많지만, 그렇다고 그들이 아이를 낳는 것은 아니니 말이다. 유럽 국가에서는 싱글맘에 대한 사회적 차별이 없지만, 혼외자에 대한 편견이 있는 한국사회에서는 결혼하지 않은 상태에서 아이를 낳는 경우가 별로 없다.

이와 관련해 어느 학자가 재미있는 연구를 했는데, 일본 러브호텔 증가세와 출산율이 떨어지는 추세가 정확히 반비례하더라는 것이다.[1] 러브호텔은 아시다시피 결혼하지 않은 파트너들을 위한 장소다. 과거에는 부부가 아닌 사람들은 사랑을 나눌 곳이 마땅치 않았는데 지금은 사방에 러브호텔이 있으니 혼외관계가 보다 자유로워지고, 그 결과 출산율이 떨어졌다는 것이다. 일본도 우리나라처럼 혼외관계에서 출산하는 경우가 많지 않으니 말이다. 우리나라에 적용해도 틀린 말은 아닌 것 같다.

또 다른 연구에서는 일본의 섹스리스 부부가 증가하고 있다는 결과가 나왔다.[2] 이는 말하자면 출산의 가능성이 원천 차단된다는 것으로 일본의 출산율이 떨어진 원인 중 하나다. 물론 이들이 완전히 금욕적인 생활을 하는 것은 아니겠지만, 앞서 말했다시피 혼외관계에서는 출산율이 올라가지 않는다.

이와 함께 저출산의 원인으로 빠지지 않고 지목되는 문제 중 하나는 일과 가정의 양립이 어렵기 때문이라는 것이다.

우리나라의 교육수준은 1990년대와 2000년대를 지나면서 크게 높아졌다. 특히 여성의 교육수준 향상이 괄목할 만하다. 여성의 교육수준이 높아짐에 따라 우리 사회에 두 가지 현상이 나타났다. 하나는 출산을 기피하게 되었다는 것이다. 고학력 여성들의 사회참여가 활발해진 반면 워킹맘의 현실은 여전히 녹록지 않기에 여성의 출산의지가 꺾일 수밖에 없다는 것은 이미 많은 연구를 통해 알려진 바다.

또 하나의 현상은 자녀에 대한 교육투자가 커졌다는 것이다. 자녀를 키우는 데 부모의 사회경제적인 지위는 결정적이라 하리만치 중요하다. 한국사회에서 교육을 많이 받은 부모는 사회경제적인 지위도 높은 편인 데다, 부모의 교육수준은 자녀교육에 대한 열정과 투자에 정비례까지는 아니더라도 상당 부분 영향을 미칠 수밖에 없다.

1990년대 후반에 태어난 아이들의 어머니 학력은 대개 고등학교 졸업이고, 아버지도 49%가 고졸이었다. 반면 저출산 세대의 시작인 2002~05년생의 아버지는 52%가, 어머니는 44%가 대졸이상의 학력을 지니고 있다. 심지어 2012년에 태어난 아이의 부모는 74%가 대학을 나왔다.

이처럼 부모의 학력이 높아짐에 따라 자녀교육에 대한 관심과 투자도 높아질 것은 능히 예상할 수 있다. 그런데 요즘은 아이를 가르치려면 돈이 너무 많이 든다. 그래서 아이 낳을 엄두를 내지 못한다. 잘 키우고 싶은 열망이 너무 큰 나머지 오히려 아이를 낳지 못하는 역설적 상황이 벌어진 것이다.

이러저러한 이유로 아이를 적게 낳거나 아예 낳지 않은 결과, 우리나라에서 '4인 가족'이 사라지고 있다. 통계청에 따르면 1980년 우리나라의 평균 가구원 수는 4.5명이었다. 하지만 이후 급속하게 줄어들기 시작해 1990년에 3.74명이 되었고, 2000년대 이후 함께 사는 가족 수는 2명 대로 떨어졌다. 2010년의 우리나라 가구 구성원은 평균 2.6명이다. 4인은커녕 3인도 안 된다는 말이다.

서울시만 떼어서 보면 2000년 서울시 전체 가구 중 4인 가구 비중이 32%였는데 2010년에는 20%로 줄었다. 통계청 예측으로는 2020년이면 17%, 2025년에는 14%로 더욱 줄어들 것이라 한다. 과거에는 대가족이 핵가족으로 분화하면서 가구원 수가 줄었다면, 이제는 결혼과 출산이 줄면서 생긴 결과다.

자, 이렇게 되었다는 것은 무슨 의미일까? 더 이상 가족이 사회의 기본단위가 될 수 없다는 뜻이다. 한국인의 인식 속에 가구는 그동안 '사회의 기준'이었다. 그리고 가족이란 무릇 4명은 될 것이라 상정했다. 그래서 세금도 가족 단위로 매기고, 자동차를 만들 때에도 4~5인이 타는 것을 예상하고 시트를 만들었다. 그런데 앞의 몇 가지 통계만 보아도 더 이상 4인 가구가 사회의 기준이 될 수 없음을 알게 된다. 아직 3인 가구의 비중까지 크게 줄지는 않았지만 2025년이 되면 3인, 4인 가구를 합쳐봐야 30%를 넘기 어려울 전망이다.

가족에 대한 기존의 규정이 흔들리면서 소비문화는 이미 바뀌기 시작했다. 4인 가구가 주요 고객이던 패밀리 레스토랑의 사양세에서 변화의 단면이 확인되었으며, 대형마트의 미래도 그리 밝지 않다. 대형마트는 아이가 있고 자가용이 있는 4인 가족용이다. 그런데 혼자 살거나 부부만 사는 이들이 뭐 하러 거길 가겠는가? 그 대신 동네 상권이 활성화되든지, 전통시장이 새로운 기회를 맞을 수 있다. 일본에서는 이 현상이 편의점의 득세로 나타났고, 우리나라에서도 동네 슈퍼마켓과 편의점이 살아나고 있다. 내 부모님만 해도 산책 삼아 시장에 가서 그날 드실 찬거리를 사오신다.

이렇게 되면 냉장고가 클 필요도 없다. TV도 무조건 큰 걸 사지 않는다. 인구가 많으면 또래끼리의 경쟁도 심해져서 옆집이 새 TV를 사면 나도 샀는데, 이제는 큰 화면으로 보고 싶은 사람은 대형 TV를 사고, 그렇지 않으면 아예 사지 않아도 신경 안 쓴다. 과거에는 옆집이 뭘 샀는지 따지는 'what' 중심의 소비였다면, 이제는 내가 이걸 왜 사야 하는지를 생각하는 'why' 중심의 소비로 바뀌고 있다.

이처럼 출산율이 낮아짐에 따라 우리 머릿속에 가지고 있던 '가족'에 대한 이미지, 그리고 4인 가족을 기준 삼아 운영되던 각종 사회제도 및 기업전략도 변화를 겪을 수밖에 없다. 국가가 세금을 매기는 것에서부터 기업이 제품을 만들어 판매하는 것, 개인이 투자전략을 짜는 것까지 모두 바뀌어야 한다.

소형 아파트는 과연 돈이 될까?

━━━━━━━━━━━━ 단적인 예로, 집을 보자. 가족 구성원이 줄어들면 집에도 영향을 미치게 된다. 일단 크기가 달라진다. 집의 크기는 가족 수, 경제적 능력, 정부의 부동산 정책 등 다양한 요소에 영향 받는데, 이 중에서도 본질적으로는 가족 수가 가장 중요하다.

왜 경제력이 아니라 가족 수일까? 사람이 살아가는 데 필요한 절대적 공간이 있는데, 가족은 사정이 생겼다고 인위적으로 늘리거나 줄이기 어렵기 때문이다. 아이가 자라는데 경제력은 그대로일 때, 사람들은 기존의 집에 그대로 살기보다는 도시 외곽으로 나가더라도 방 하나 더 있는 집을 구해 아이방을 마련해준다. 결국 거주지 또는 집의 크기를 결정하는 가장 중요한 요소는 가족 수라 할 수 있다.

그런데 출산율이 떨어진다는 것은 가족의 크기가 줄어든다는 뜻이고, 이는 굳이 큰 집이 필요 없어진다는 뜻이다. 한마디로, 작은 집이 선호된다는 것이다.

아파트 구매 의사가 있는 사람들에게는 매우 중요한 정보가 아닐 수 없다. 투자 용도로 아파트를 살 사람은 물론이려니와, 실수요자라도 나중에 팔 때를 생각하면 잘 팔릴 만한 아파트를 골라야 한다. 그렇다면 대형 아파트 말고 소형 아파트를 사두어야 할까?

과연 그럴지 점검해보자. 전국의 모든 아파트를 대상으로 하면 좋겠지만, 여기에서는 대한민국 부동산 신화를 견인하는 서울의 아파트만으로 시야를 좁혀서 살펴보았다.

아파트는 크기에 따라 소형, 중소형, 중대형, 대형 아파트로 구분되는데, 각각 전용면적 $60m^2$ 이하, $60{\sim}85m^2$, $85{\sim}135m^2$, 그리고 $135m^2$ 초과를 의미한다. 한국의 아파트가 워낙 부동산 투자의 영향을 많이 받긴 하지만, 실수요 측면에서는 앞서 살펴본 대로 그곳에서 살아야 하는 가족의 수와 떨어뜨려 생각할 수 없다. 그러므로 과거 서울의 아파트 규모별 가족 수를 확인하면 미래에 서울 시민들의 가족 규모가 변화함에 따라 어떤 평수의 아파트가 대세가 될지 예측할 수 있을 것이다.

1995년에는 서울의 한 아파트에 평균 4.9명이 살았다. 그 후 평균 가족 수가 줄기 시작해 2010년에는 2.7명이 살았다. 15년 사이에 2.2명이 감소한 것이다. 특정 규모 아파트에서만 그런 것이 아니라 모든 평수 아파트에서 비슷한 비율로 줄었다. 그러다 2005년 이후에는 큰 변화가 없어서 소형에는 2.1명, 중소형은 3.3명, 중대형에는 3.9명, 그리고 대형에는 6.9명 수준으로 유지되고 있다. 이는 이후 서울 시민들의 아파트 수요를 예측하는 데에도 매우 유용한 정보가 된다.

그사이 서울시의 인구가 이와 똑같은 비율로 줄어든 것은 아니니, 한 가구의 가족 수가 줄었다는 것은 그만큼 가구 수가 늘었다는 뜻이 된다. 실제로 서울시의 가구 수는 2000년 약 312만에서 2010년 약 350만 가구로 증가했다. 주목할 점은 증가분의 상당수가 1~2인 가구에 집중돼 있다는 사실이다. 서울시의 1인 가구는 10년 사이에 약 51만 가구에서 약 85만 가구로 30만 가구 이상 증가했고, 2인 가구도 같은 기간 동안 약 25만 가구가 늘었다.

물론 1~2인 가구의 증가가 전적으로 저출산 현상 때문이라고 단정할 수는 없다. 하지만 저출산 현상이 비혼 및 무자녀 가구의 증가와 밀접하게 연관돼 있고 이들이 1~2인 가구를 형성하기 때문에, 전반적인 저출산 현상이 서울시의 1~2인 가구 증가와 높은 상관관계가 있다고 미루어 짐작할 수 있다. 이 추론은 4인 이상 가구의 급감을 통해서도 확인할 수 있다. 서울시의 4인 이하 가구는 2000년만 해도 약 100만 가구였는데, 2010년에는 80만 가구에 지나지 않았다. 10년 사이에 20만 가구가 줄어든 것이다.

수요자들이 이런 변화를 겪고 있는 동안 공급은 어떤 양상을 보였을까?

2000년부터 10년간 서울시의 아파트는 97만 호에서 144만 호로 47만 호 증가했다. 서울 시민들의 아파트 선호현상과 부동산 가격 급등이 엮어낸 결과다.

증가를 견인한 것은 중소형 아파트였다. 2000년만 해도 소형 아파트가 45만 호로 가장 많았는데, 2010년에는 중소형 아파트가 57만 호로 가장 큰 비중을 차지하게 되었다.

하지만 절대적 수량이 아니라 증가비율만으로 따져보면 중대형 및 대형 아파트의 증가세가 훨씬 괄목할 만하다. 중대형 아파트는 2000~10년 사이 약 140% 증가했고, 대형 아파트는 86% 증가했다. 같은 기간 중소형은 55%, 소형은 17% 증가하는 데 그쳤다.

흥미롭지 않은가? 수요자, 즉 가구의 크기는 2000년 이후 꾸준히 작아졌는데 공급은 오히려 줄기차게 대형화되었으니 말이다. 이는 지난 10년간 서울시의 아파트 공급이 인구변화와 관계없이 다른 이해관계에 따라 추진되었다는 것을 보여준다. 대형 아파트가 소형 아파트에 비해 건설사의 이윤이 크거나 부동산 가격을 올리는 데 유리하다는 등의 이유를 추론해볼 수 있다.

이 아파트들은 앞으로 최소 30년 이상 그대로 존재할 것이다. 그러나 아파트를 찾는 공급자들의 형태는 빠르게 바뀌어가고 있다. 대형 아파트가 각광받기 시작한 2000년대만 해도 4인 가족이 사회의 기준 역할을 했지만, 지금은 한 집에 3명도 살지 않는다. 이처럼 수요와 공급이 완전히 반대 방향으로 전개된다면 저출산 세대가 사회에 진출하는 2020년대에 대형 아파트 시장에 파란이 일 것은 거의 분명하다. 아파트 가격을 결정하는 요소는 매우 다양하지만, 어쨌든 가장 기본적인 수요와 공급의 법칙을 벗어나기는 어려울 테니 말이다.

자, 여러분이 아파트 투자를 고려한다면 이 정도 설명만으로도 중대형 아파트에 대한 매력은 떨어졌을 것이다. 그러면 1~2인 가구가 살기 적당한 작은 아파트를 사야 할까? 인구변화 추이를 보고 작은 아파트를 샀으니, 이 투자는 성공했다 할 수 있을까? 이렇게 자꾸 물어본다는 것은 답이 '그렇지 않다'는 뜻이다. 맞다. 실패한다. 왜 그럴까?

첫째, 그동안 부동산 가격은 대형 아파트가 올려놓고 작은 평수가 따라가는 구조였기 때문에 대형 아파트 가격이 무너지면 다른 평형 아파트도 같이 위험해질 가능성이 크다. 대형 아파트의 몰락과 함께 부동산 불패신화 자체가 붕괴될 수 있다는 뜻이다.

둘째, 단순히 가족이 적어진다는 사실만 보아서는 안 된다. 더 중요한 것은 미래의 1~2인 가구는 아파트를 구매할 여력이 없을 가능성이 매우 크다는 사실이다.

일단 젊은이들은 집을 살 여건이 안 된다. 최근 언론을 통해 보도된 바와 같이 현재 우리나라의 20~30대는 이전 세대의 그 연령대에 비해 구매력이 현저히 낮다.[3] 이전 세대들이 20대 초중반에 경제활동을 시작했던 반면 현재의 20~30대는 구직난 때문에 30대가 되어야 경제활동을 시작하기 일쑤다. 이들이 10년 뒤 30~40대가 되어도 당연히 지금의 30~40대에 비해 경제적 여건이 좋지 않을 터이므로, 투자를 목적으로 아파트 구매에 나서기는 쉽지 않을 것이다.

더 심각한 문제는 1~2인 가구의 절반 이상이 노인이고 이 비중이 앞으로 더욱 높아질 것이라는 데 있다. 사회가 고령화되는 만큼 가구도 고령화된다. 2025년이 되면 1~2인 가구가 전체 가구의 60%를 차지하고, 1~2인 가구의 65%는 노인인구로 채워질 것이다.

누구나 알다시피, 시장은 사고 파는 사람이 많아야 활성화된다. 특히 부동산은 거래가 계속 있어야 집값이 올라간다. 그런데 사람들은 나이 들수록 거래에 수동적이 된다. 리스크를 감당하면서 사고 파느니 속 편하게 그냥 안 사고 안 팔겠다는 것이다.

사정이 이렇다. 우리나라에 1~2인 가구가 늘어난다는 이유만으로 소형 아파트 시장이 활황이 되리라 기대하기는 어렵다. 부동산 전문가들은 우리나라 아파트 가격이 그런 식으로 결정되지 않는다고 반박할지 모르지만, 결국 시장이란 수요-공급 원칙의 지배를 받게 돼 있다.

대형 아파트는 들어갈 가구 자체가 많지 않고, 소형 아파트는 살 사람이 많지 않다. 수십 년간 한국인들이 굳건히 믿어왔던 부동산 불패신화에 바야흐로 근본적 위기가 오고 있다. 정부는 정부대로 부동산 쇼크로 빚어질 경기침체를 막고자 부지런히 부동산 부양책을 내놓고 있지만, 사실상 부동산 부양책은 저출산이라는 추세에 역행하는 처방이다. 자연스럽게 터져야 할 거품을 단기적 처방으로 억지로 막다가는 자칫 한꺼번에 역풍을 맞을 수도 있다.

한편으로 생각해보면, 애초에 부동산을 억지로 부양시키지 않았다면 오히려 출산율이 지금보다는 높아졌을지도 모를 일이다. 젊은 사람들에게는 '내 집 마련'이 너무 큰 부담이어서 이 때문에도 결혼을 꺼리고 있지 않은가. 결혼한 이들도 집을 넓혀갈 엄두를 내지 못해 아이 낳기를 미루곤 한다. 부동산 가격이 젊은 층도 접근할 수 있는 수준으로 현실화되었다면 아이 낳을 결심을 좀 더 쉽게 할 수 있었을 것이다. 이런 역동성을 이해했다면 다른 정책이 나왔을 수도 있는데, 인구변화를 전혀 읽지 못했다는 점에서 우리나라의 부동산 정책은 허점이 많다.

저출산이 불러올 미래변화가

비단 부동산 가격만은 아닐 것이다.

저출산 세대인 아이들과 청소년이 맞고 있는 현실,

맞게 될 미래는 어떤 모습일까?

당신에게 자녀가 있다면,

결코 외면해서는 안 될 질문일 것이다.

저출산 시대, 모든 것이 공급과잉

Chapter 2

태어나는 아이가 줄어들면서 가장 먼저 영향을 받는 것은 가족의 크기라 했다. 그 영향의 일면을 '집'을 통해 살펴보았다. 그다음으로 직접적인 영향을 받게 될 것으로 무엇이 있을까? 아이가 자라면서 가야 할 곳, 즉 학교를 비롯한 교육환경이 될 것이다.

　두말할 것 없이 교육은 중요하다. 국가 차원에서는 양질의 인재가 많아야 성장을 이어갈 수 있고, 개인에게도 교육은 사회경제적 입지를 다지는 첫 단계다. 저마다 처한 환경의 특수성과 별개로 개인의 경제수준을 결정하는 3가지 요인은 교육과 직업, 소득인데, 그중에서도 한국에서는 교육수준이 특히 중요시되었다. 이 3가지 중 가장 먼저 교육이 시작되고, 교육수준에 따라 영위할 수 있는 직업군이 정해지고, 그에 따라 소득이 결정되었기 때문이다.

　심지어 학력이 높으면 소득만 늘어나는 것이 아니라 오래 살기까지 한다. 개인의 건강관리는 타고난 체질뿐 아니라 건강에 관한 지식과 삶을 대하는 태도에 따라 달라지는데, 이것이 상당 부분 교육에서 비롯되기 때문이다. 막연한 추측이 아니라 실제로 그렇다. 1995년, 2000년, 2005년, 2010년의 학력별 기대수명을 연구한 적이 있는데, 1995년 당시 40세 대졸 남성은 앞으로 38년을 더 살 것으로 예측된 반면 고졸 남성은 34년에 그쳤다.[4] 학력에 따라 기대수명이 4년이나 차이 난 것이다. 그 후 진행된 조사에서도 기대수명은 전반적으로 높아졌지만 그 안에서의 학력 간 격차는 여전히 존재하는 것으로 나타났다.

이렇듯 교육은 한 사람의 운명을 좌우하는 첫 단추와 같기 때문에 오늘날 대한민국 부모들은 자녀를 좋은 대학에 보내려고 온갖 노력을 다한다. 본인들 또한 부모의 헌신 덕에 열심히 공부해서 10명 중 7명이 대학을 나오는 고학력사회를 만들었다. 공부 잘해서 좋은 대학 나와야 잘살 수 있다는 것은 몇 세대에 걸쳐 흔들리지 않고 이어져온 신념이었다. 그런데 앞으로도 과연 그럴지는, 다시 생각해볼 일이다.

30년 만에 아동인구 절반으로

──────────────────── 내 두 딸은 2002년, 2005년 생이다. 그 해에 각각 49만, 43만 명이 태어났다. 나는 1972년생으로 그 해에 약 100만 명이 태어났으니, 불과 한 세대 만에 반토막이 난 셈이다.

앞에서 언급했다시피 인구는 소비도 해야 하고 생산도 해야 한다. 그런데 30년 만에 소비와 생산의 규모가 2분의 1 규모로 줄었다는 뜻이다. 아직은 저출산 세대가 청소년이어서 우리가 실감을 못하고 있을 뿐, 앞으로 이들이 사회에 진출해 생산과 소비의 주체가 되는 순간부터 저출산의 파괴력을 절감하게 될 것이다.

이미 저출산 문제가 현실로 드러난 곳도 있다. 청소년을 대상으로 하는 산업, 예컨대 교복시장이 그렇다. 과거에는 유명 아이돌그룹이 광고하는 교복은 만들기만 하면 팔리곤 했는데, 지금은 그렇지 않다. 70만 명씩 되던 아이들이 갑자기 40만 명으로 줄어들면서 교복시장도 그만큼 위축된 것이다. 교복시장만 그렇겠는가. 저출산 세대를 대상으로 하는 모든 영역이 축소되고 있다.

이를 피부로 체감한 계기가 있다. 큰딸이 중학교에 입학하고 내가 물어보았다.

"너희 반 학생 몇 명이나 되니?"

"몰라. 스무 명쯤 되나?"

"에이, 그러지 말고 정확히 말해봐."

"몰라~"

나는 아이가 귀찮아서 대충 말한 줄 알았다. 그런데 나중에 가정통신문을 보니 정말 아이 반에 20명밖에 없었다. 144명이 입학해서 7개 반을 꾸렸다고 했다. 그리고 반마다 담임과 부담임을 두었다. 담임을 맡지 않는 교사들도 있을 터이니, 교사 1인당 담당하는 학생이 10명도 안 된다는 계산이 나온다. 한 반에

60~70명씩 앉아서 배우던 나의 학창시절을 떠올리며 '격세지감이란 이런 거구나' 싶었다.

교육환경이 그만큼 좋아졌을 테니 물론 환영할 일이다. 그러나 왜 부담임까지 둬야 했을지 생각하면 마냥 반가워할 수만은 없는 것도 사실이다. 교사가 남아서 취한 고육지책이기도 하기 때문이다. 학생이 줄었으니 학교 규모도 축소되고, 필요한 교사들도 적어진 것이다. 그래서 한 반에 담임을 2명 두는 아이디어를 내게 된 것.

2000년 당시 우리나라의 초등학생은 400만 명, 중학생은 200만 명 그리고 고등학생은 230만 명 수준이었으며, 이 규모는 2007년까지 비슷하게 유지되었다. 하지만 그 후 초등학생을 시작으로 학생 수가 크게 감소해 2009년 360만 명, 2010년 340만 명으로 줄더니 2013년에는 300만 명에도 미치지 않게 되었다. 2002년 이후 태어난 저출산 세대가 초등학교에 들어오면서 나타난 변화다.

이 추세는 6년 후 중학교에서 그대로 반복된다. 2015년 중학생은 170만 명, 이듬해에는 156만 명, 그리고 저출산 세대로만 중학교가 채워진 2017년에는 145만 명으로 줄고, 2020년대 말까지 130만 명 수준을 유지할 것으로 보인다.

고등학생은 2002년생이 진학하는 2018년부터 본격적으로 학생 수가 줄어들기 시작해 2021년이 되면 130만 명대로 축소될 것이다. 나의 연구대로라면 2035년에는 초등학생 230만 명, 중학생 115만 명, 고등학생은 118만 명 정도가 될 것이다. 2014년에 비해 각각 18%, 36%, 40% 축소된 규모다.

교육 수요자가 줄어드는 추세이고 앞으로 더욱 가속화될 것이 예측된다면 교육시장도 그에 맞게 대응해야 할 것이다. 그런데 여기에서도 1장에서 살펴본 부동산 시장의 엇박자가 재현되고 있다. 줄어드는 학생 수와 달리 교육자원의 양적 투자는 오히려 증가해온 것이다.

초등학교는 2000년 5267개교였던 것이 2013년 5913개교가 되었고, 학급 수도 비슷한 수준으로 증가했다. 무엇보다도 교원의 증가세가 가장 두드러지는데, 2000년 14만 명에서 지속적으로 증가해 2013년 18만 명을 넘어서 14년 동안 약 29%나 늘어난 것으로 나타났다.

이를 무조건 탓할 일만은 아니다. 과거 우리나라의 교사 1인당 학생수가 워낙 많았기 때문에 교사 증원에 대한 사회적 요구가 매우 컸던 것도 사실이다. 그래서 교육시설 및 인적자원에 대한 투자가 계속되었고, 그 결과 교사 1인당 학생 수도 2014년에 14.7명으로 크게 감소해 OECD 평균 및 미국과 거의 일치하는 수준이 되었다.

그러나 앞으로가 문제다. 교원 증가추세는 당분간 계속돼 2025년에는 교사 1인당 학생 수가 13.1명으로 떨어질 것으로 예견된다. 물론 교사가 담당하는 학생이 적을수록 교육의 질은 높아질 확률이 크다. 그러나 교사가 많을수록 좋다고 단순하게 주장할 문제는 아니다. OECD 평균 정도의 수준을 보이고 있는 현재의 상황은 더 이상 열악하다고 보기 어렵다. 열악한 상황을 개선하는 수준을 넘어 교사를 더 늘리는 것이 반드시 교육의 질을 높인다고 할 수 있는지에 대한 논의는 교육계에서 꼭 이루어져야 할 것이다.

더욱이 지금처럼 학생 수가 극적으로 줄어들고 있는데 단순히 교육 인프라를 확충하는 데에만 치중할 수는 없는 형편이다. 오히려 수요자가 줄어든 만큼 공급도 조절해야 하는 상황임을 인식하고, 어떻게 공급을 줄여갈지 전략을 짜야 하는 시점이다.

교육에서 '공급'이라 함은 학교 등 시설과 교사인데, 학교는 건물만 있는 게 아니라 부지도 있고, 이를 관리하기 위한 인력도 필요하다. 이들을 학생 수가 줄었다는 이유로 갑자기 축소하는 것은 결코 간단한 문제가 아니다. 교사의 경우는 더욱 더 어렵다. 앞에서 집계한 18만 명의 교원은 비정규직(기간제교사)이 아닌 정규직만을 합산한 수치다. 교사는 큰 결격사유가 없는 한 20대 중후반에 임용돼 62세 은퇴까지 정년이 보장되기 때문에, 학교가 없어졌다고 해서 교사의 퇴직을 종용할 수 없다.

여기에 신규 임용되는 교사는 어찌할 것인가. 우리나라는 교사를 양성하기 위해 오랫동안 사범대학과 교육대학을 운영해왔고, 매년 수만 명이 교사자격증을 취득하고 있다. 이런 마당에 학교를 줄인다면 이들은 졸업해도 갈 곳이 없어진다. 그러니 학생 수가 줄었다고 해서 사범대학과 교육대학 입학정원을 축소하지도 않은 채 임용교사의 수만 줄이면 사범대학 및 교육대학에 일대 혼란이 빚어질 것은 명약관화하다.

그러므로 저출산 세대가 학교 관련 인프라에 미치게 될 영향을 미리 예지하고 필요한 대응전략을 마련하는 작업이 반드시 이루어져야 한다. 이때에는 공급되는 교육의 양을 어떻게 조절할지만이 아니라, 학생들을 어떻게 교육시켜야 하는지에 관한 질적 고민도 반드시 포함되어야 한다. 교사 1명이 담당하는 학생이 20명일 때와 15명일 때 혹은 30명일 때, 교사가 제공하는 교육의 내용과 질 또한 달라질 수밖에 없기 때문이다.

다행히 초등학생은 현재의 급감세를 지나고 나면 2023년까지는 250만 명 이상의 규모를 유지하고 2035년까지도 220만 명대로 감소 속도가 매우 완만해질 것으로 예측된다. 그리고 중학교, 고등학교에도 순차적으로 흐름이 이어질 것이다.

이는 앞으로 학교 교육에서 필요한 교육자원의 양과 질을 결정하고 예측하는 데 매우 중요한 정보다. 즉 앞으로 20년간 초등학교의 교육 수요에 큰 변화가 없을 것이므로, 이를 위한 대비만 잘한다면 큰 혼란은 피할 수 있다는 뜻이다. 하지만 반대로 2000년대 식의 양적 팽창에만 사고체계가 매몰돼 있다면 교육자원의 과잉공급이 반복될 것이고, 이 때문에 오히려 학생들이 적정한 양과 질의 교육을 받지 못하게 될 가능성이 크다.

초등교사 1만 명 해고시대?

———————————————— 그렇다면 얼마나 많은 교육 자원이 '과잉공급' 사태를 맞게 되는지 자세히 살펴보자.

2015년에는 한 초등학교에 평균 약 450명의 학생이 다닌 것으로 나타났다. 학년당 75명인 셈이다. 한 학급 정원은 약 23명이므로, 산술적으로 따지면 2015년 초등학교에는 학년당 3개 남짓의 학급만 있으면 된다는 계산이 나온다. 교사의 경우 1명당 약 15명의 학생을 지도하는 것으로 나타났다. 물론 지역에 따라 차이가 있겠지만 한 학년에 10~15학급이 있었던 30여 년 전과 비교하면 매우 많이 변화했음에 틀림없다.

우리나라에서 선호하는 판단기준인 'OECD 국가 평균' 초등교사 1명당 학생 수는 2013년에 15.9명이었다. 이 기준을 적용하면 2016년의 우리나라 초등학생 규모에 필요한 교사의 수는 16만 5232명이 된다. 이는 2015년 재직 중인 초등교사 18만 2658명보다 1만 7426명이 적은 수치다. 그러면 그만큼 해고되어야 한다는 것인가?

그것으로 끝이 아니다. 10년 후인 2025년에는 지금보다 교사의 수가 약 2만 2000명 축소되어야 한다. 2015년의 교사 대 학생 비율인 15명을 계속 유지한다고 했을 때 2025년의 적정 교원 수는 16만 명이 안 될 것으로 추정되는데, 이는 2015년 규모의 12%를 감원해야 나오는 숫자다.

지금까지는 초등학교 교사들에게 닥친 미래였다. 중고등학교는 앞으로 얼마나 많은 교육자원이 축소되어야 할까?

앞에서 언급한 바와 같이 중학교가 모두 저출산 세대로 채워질 때는 2017년이다. 2015년의 중학교 교사는 11만 1000명가량이었다. 가장 최근 자료인 2013년 중등학교의 OECD 국가 평균교사 대 학생비는 14.5명이었다. 이 기준에 맞춘다면 2016년 우리나라 중학교에 필요한 교사는 10만 2359명인데, 2015년에 조사한 중학교 교사의 수는 11만 1247명이었다. 만일 OECD 평균이 적정한 교사 대 학생비라면 이미 8000명 넘는 교사가 해고되었어야 했다는 뜻이다. 2017년에는 1만 6000명 이상의 교사가 잉여자원이 될 것이다.

잉여자원이 되는 것은 교사만이 아니다. 전국에 있는 학교시설의 상당수가 같은 처지에 놓이게 된다. 2015년 조사에 따르면 전국에 3204개의 중학교가 있었다. 학교마다 평균 500명의 학생이 다니고 있는데, 앞으로도 이 규모가 유지된다고 가정하면 2025년에는 2600여 개의 중학교만이 필요하고, 580여 개의 중학교는 폐교되어야 할 것으로 계산된다.

고등학교의 경우 2000년에 한 학교에 평균 1050명의 학생이 다니고 있었고, 한 학급에는 43명이, 교사 1명은 20명의 학생을 담당했다. 이 수치들은 2000년대 들어 교육부가 교사를 적극 충원하면서 점점 낮아져 2011년에 이르러 교사당 담당 학생 수는 이미 OECD 평균인 14명 수준이 되었다.

고등학교 3개 학년이 모두 저출산 세대로 채워지는 2020년에는 학생 수가 140만 명가량 될 것으로 추정된다. 2015년의 학생 수가 약 180만 명이었으니 40만 명이 줄어드는 것이다. 유례를 찾기 힘든 인원감축인 만큼 학교자원 운용에도 큰 변화가 요구될 수밖에 없다. 이후 학생 수는 더욱 감소할 것으로 예측되어 2025년에는 고등학생이 133만 명 정도 될 것이다.

2015년의 2344개 고등학교와 6만 개 학급수가 그대로 유지된다면 한 고등학교에 567명, 한 학급에 22명이 공부하게 될 것이고, 교사 1명은 9.8명의 학생만을 담당하게 된다는 계산이 나온다. 반대로 2013년의 OECD 평균 교사 대 학생비인 14명을 기준으로 한다면 2015년에 재직 중인 교사 가운데 4만 명이 10년 후에는 잉여자원으로 남게 될 것이다. 즉 앞으로 매년 고등학교 교사가 은퇴하여 그 수가 4만 명에 이를 때까지 신임교사 충원이 전혀 필요 없다는 말이다.

방금 언급한 바와 같이 사실 이 모든 숫자의 이면에는 '은퇴'라는 대안이 있다. 베이비부머 교사의 은퇴시기가 곧 도래하기 때문에 매년 적지 않은 수가 은퇴로 자연스럽게 줄어들 것이다. 별도의 신규채용을 하지 않는다면 최소한 양적인 측면에서 학생 수 감소에 따른 적정 교사 규모를 유지하는 데에는 큰 문제가 없을 수도 있다. 하지만 누구나 알듯이 이는 불가능하다. 매년 수천 명씩 교육대학과 사범대학 졸업자들이 배출되는데, 이들을 교단에서 1명도 받지 않는다는 것이 가능한가?

심지어 우리나라 교육계는 2000년대 들어 교사 충원을 늘려왔고, 그에 따라 사범대와 교육대학의 정원도 함께 늘었다. 인구 감소라는 이슈를 인지했지만, 그렇더라도 교육의 질을 높이는 것이 더 급선무라 판단했기 때문이다.

이것이 옳은 결정인지 아닌지에 대해서는 개인마다 의견이 다를 것이다. 그러나 분명한 것은 앞으로 일어날 변화에 대한 대응책이 더 늦기 전에 나와야 한다는 사실이다. 교육당국은 해마다 배출되는 예비교사들을 어떻게 흡수할 것인지, 앞으로 사범대학과 교육대학의 입학정원을 어떻게 조정할 것인지 등에 대한 대안을 마련해야 한다. 정부당국만의 몫도 아니다. 평생직장을 꿈꾸며 교사를 지망하는 사람이라면 자신의 미래에 대해 진지하게 다시 한 번 생각해볼 일이다.

좋아지는 건 대입 경쟁률뿐?

———————————————— 저출산 세대가 초중등 교육을 마치고 20대를 목전에 두게 되었을 때에는 우리 사회에 어떤 일이 벌어질까?

우리나라 20대가 맞이하는 생애사적 이벤트는 적지 않다. 일단 상당수가 대학에 가고, 대부분의 남자는 입대를 하며, 취직이라는 큰 산을 넘는다. 돈을 벌면서 소비집단으로서 본격적인 대접을 받기 시작한다. 일부는 결혼을 하고, 드물게는 부모가 되기도 한다.

먼저 대학진학을 살펴보자. 지금 우리나라 대학에서 해마다 몇 명을 선발하는지 아는가? 2015년 대학입학 정원이 약 52만 명이었고 약 64만 명이 수험생이었으므로, 경쟁률은 1.23대 1 수준이다. 그중 4년제 대입 경쟁률만 따로 떼어내서 봐도 약 1.91대 1이다.

생각보다 경쟁률이 낮지 않은가? 그나마 우리나라 만18세 인구 중 98%가 대입 시험을 치르기에 이 정도 경쟁률이나마 나오는 것이다. 조만간 고3 학생 수가 40만 명대가 될 것이다. 현재 대학 진학률이 70% 정도인데, 이 비율대로 계산해보면 2002년생은 32만 명 정도가 대학에 진학하게 될 전망이다. 2015년의 대학입학 정원이 그대로 유지된다면 20만 명 이상의 공백이 생기는 것이다.

4년제 대학으로만 범위를 좁혀서 생각해도 경쟁률은 2021년에 1대 1이 되고, 2025년에는 0.96대 1로 더 낮아질 것이다. 즉 10년 내로 모든 수험생이 4년제 대학에 무리 없이 입학하게 된다는 뜻이다. 이렇게 되면 발등의 불은 전문대학에 떨어진다. 비록 현실성은 떨어지지만, 모든 수험생을 4년제 대학이 흡수해버리는 놀랄 만한 일이 벌어질 것이다.

이번에는 사교육 열풍의 진원지인 이른바 '인서울' 대학의 경쟁률을 생각해보자. 전국의 모든 수험생이 서울에 있는 4년제 대학에 들어가고 싶어 한다고 가정해보자. 사실 어느 정도는 진실이기도 한 것이, 2015년의 전체 4년제 대입 경쟁률이 1.91대 1이었던 와중에 서울의 4년제 대입 경쟁률은 8.71대 1이었다. 현재 여러 학교에 교차지원이 가능하기 때문에 실제로 서울 주요 대학들의 입학 경쟁률은 20대 1에 육박하고 있다. 수험생의 상당수가 쉬운 길을 놔두고 '인서울 4년제'라는 고난에 뛰어든다는 의미다. 수험생들과 우리 사회가 실제로 체감하는 대입 경쟁률 또한 이것이다. 이처럼 전국의 모든 수험생이 목표로 삼는 서울의 4년제 대입 경쟁률은 어떻게 변화할까?

만일 고3 학생과 재수생을 포함한 전국의 모든 수험생이 서울에 있는 4년제 대학만의 입시를 위해 경쟁한다고 가정해도 2020년에는 서울의 4년제 대입 경쟁률이 6.73대 1로 떨어지고, 2025년에는 6.04대 1이 될 것으로 전망된다. 6대 1의 경쟁률이 결코 낮다고는 할 수 없다. 하지만 이는 전국의 모든 수험생이 서울에 있는 4년제 대학에만 응시했을 때의 사정이므로 실제 경쟁률은 이보다 낮아질 것이다.

만약 모든 수험생이 수도권의 4년제 대학에 입학하기를 희망한다고만 해도 2020년에는 경쟁률이 4.14대 1, 2025년에는 3.72대 1로 크게 낮아질 것으로 나타났다. 여기에 수도권의 전문대를 포함한다면 2020년 예상 경쟁률은 2.53대 1까지 떨어진다. 전국 수험생의 절반은 수도권에 있는 대학에 진학할 수 있다는 말이다.

대학 가기가 쉬워진다니, 수험생이나 학부모 입장에서는 분명히 희소식이다. 그러나 반대쪽에 있는 대학으로서는 속이 타들어갈 일이다. 경쟁률이 떨어진다니. 게다가 대학에 합격했다고 모두가 진학하는 것도 아니다. 학비를 내고 등록해야 실제 '대학생'이 되지 않겠는가.

이를 감안하여 연구를 수행하면서 '실질경쟁률'이라는 개념을 고안했는데, 이는 실제로 대학에 진학하는 사람의 수를 기준으로 경쟁률을 추산한 것이다. 이에 따르면 전국의 4년제 대학 실질경쟁률은 저출산 세대가 대학에 입학하는 2021년에 1대 1이 될 것이고, 서울 소재 4년제 대학의 실질경쟁률도 4.5대 1, 수도권 4년제 대학은 2.77대 1이 될 것으로 전망되었다. 2000년대에 가장 적게 태어난 2005년생이 대입을 준비할 2023년에는 경쟁률이 더욱 낮아져 각각 0.93대 1, 4.19대 1, 그리고 2.58대 1이 될 것으로 예상된다.

물론 정부에서 다양한 방법을 동원해 대입정원을 조정하고 있기 때문에 현재의 정원이 그대로 유지되지는 않을 테고, 경쟁률도 지금 추산한 것보다는 높은 상태를 유지할 것으로 보인다. 하지만 우리 사회에 대졸자의 성공신화가 점점 사그라들고 있고, 정부 또한 고졸자 취업을 활성화하는 정책을 추진하고 있기 때문에 대학입시를 준비하는 수험생 수는 크게 줄지 않더라도 실제로 대학에 진학하는 대학 진학률은 현재의 70%보다 떨어질 여지가 있다. 그렇게 되면 경쟁률은 더 떨어질 것이다. 입학생이 부족해서 정원을 채우지 못하는 현상이 10년 안에 일어날 수 있다는 것이다.

상황이 이러한데도 우리나라의 대학은 지난 1990년대 초반부터 계속 증가해왔다. 1990년대를 지나면서 실제로 대학에 입학할 인구는 줄었지만 워낙 대학 진학률이 높아졌기 때문에 정부는 대학설립을 자율에 맡겼고, 그 결과 사립대학의 수가 급등한 것이다.

우리나라의 여러 자원 가운데 인적자원의 가치가 가장 크고, 대학교육을 통해 인적자원의 질을 꾸준히 향상시켜 왔다는 점에서 대학이 많아진 것이 반드시 잘못되었다고 볼 수는 없다. 또한 대학은 교육뿐 아니라 하나의 산업으로서 교수와 직원, 시설 운영을 위한 투자, 그리고 지역 상권까지 다양한 측면에서 경제에 기여하기 때문에 대학의 수가 증가한 것은 어찌 보면 타당한 사회적 선택이라고 할 수도 있다.

그러나 문제는 지금부터다. 저출산으로 학생 수 감소가 예견되고 있으므로 계속 대학을 늘려가기는커녕 현재 수준을 유지하기조차 버거워진 것이다.

대학교가 줄어들게 될 시점은 정확하게 알 수 없지만 필요한 학교의 수가 급감하는 2020년 직후가 될 것으로 예상된다. 그 이전까지는 정원을 줄여서라도 학교를 운영할 여지가 있지만,

2020년부터는 기존의 4년제 대학 중 50여 개가 필요 없을 만큼 학생이 줄어들 것이기 때문이다.

전문대도 사정은 다르지 않다. 저출산 세대가 전문대를 모두 채우는 시점은 2022년이다. 이때 적어진 학생 수에 맞추어 추산된 전문대학의 적정 개수는 95개다. 2013년 현재의 전문대학교 중 45개는 문을 닫아야 한다는 뜻이다.

이 글을 쓰는 2016년 현재 내 큰딸이 중학교 2학년이니 5년 후면 대학에 갈 나이가 될 텐데, 그동안 정부가 대학을 구조조정 해서 22만 명의 대학입학 정원을 줄일 수 있을까? 결코 못 줄인다. 그만큼의 불필요한 대학 잉여자원이 생길 수밖에 없다.

앞에서 초중고교 교사들이 맞게 될 암울한 미래를 살펴보았다. 그러나 초중고교는 국가의 세금으로 운영되기 때문에 필요 없어진다고 해서 당장 없애지는 않을 것이다.

우리나라는 아직까지 초등학교와 중학교만을 의무교육으로 하고 있지만, 특별한 사유가 있지 않은 한 대부분 고등학교에 진학한다. 그뿐 아니라 커리큘럼에서부터 교사의 수당에 이르기까지 거의 모든 부분이 정부의 영향을 받고 있고 관련 예산은 세금으로 충당된다. 이는 사립이건 공립이건 마찬가지이므로 특목고나 자립형사립고 이외에는 공립이든 사립이든 조직구성이나 운영예산의 차이가 별반 없다. 그러므로 아무리 학생이 줄어든다 해도 공공재公共財의 성격이 매우 강한 초중고등학교의 교육자원을 갑자기 줄이기란 쉽지 않다. 이를 위해서는 교육부뿐 아니라 국민적 합의가 수반되어야 할 것이다.

하지만 대학의 경우는 사정이 전혀 다르다. 왜냐, 대학은 시장 논리로 움직이기 때문이다.

대학교육에서 학생들은 교육의 '수혜자'라기보다는 자신의 가치를 높이기 위해 적지 않은 등록금을 내는 교육의 '수요자'가 된다. 이 말은 곧 대학은 산업적 측면이 매우 강하다는 뜻이다. 산업으로서의 대학교육은 대학에 진학하는 연령대의 인구 변화에 민감할 수밖에 없다.

특히 사립대학이 그렇다. 국공립대학은 초중고교처럼 예산이 세금에서 나오기 때문에 학생 수의 급감이 학교 운영에 직격탄이 되지는 않는다. 오히려 교수 1인당 학생 비율이 줄기 때문에 교육의 질 측면에서는 긍정적으로 작용할 수도 있다. 하지만 재단전입금이나 기금보다 등록금 의존도가 훨씬 높은 사립대학은 학생 부족이 학교의 존폐를 좌우할 수도 있다. 2015년 현재 사립대학 1년 운용예산의 약 65~70%가 등록금에서 나온다. 그런데 진학할 학생들이 모자라면 등록금 수입이 줄고 학교운영이 불가능해진다. 사립대학의 상당수가 도산할 것이라는 시나리오가 나온 배경이다.

이에 대한 반론이 없지는 않다. 인구가 감소해도 대학 진학률이 높아지면 대학 도산이 일어나지 않을 것이라는 주장이다. 좋은 예시가 바로 일본인데, 1990년대 초반에 비해 2000년대 중반에 19세 연령대의 인구 크기가 200만 명에서 100만 명으로 절반 가까이 줄었지만 4년제 대학은 500여 개에서 740여 개로 오히려 증가했다. 일본의 대학 진학률이 25%에서 44%로 높아진 데서 기인한 것이다.

그러나 이는 현재 우리나라의 대학 진학률이 이미 매우 높다는 점을 간과한 주장이다. 1972년생인 내가 대학에 입학할 때는 대학 진학률이 38%였다. 그런데 지금은 2000년대 초반에 80% 수준의 진학률을 기록한 후 현재 70% 수준을 유지하고 있다. 이미 대학 진학률이 높아질 대로 높아진 터라, 진학률을 더 높여서 대학을 유지할 수 있으리라 기대하기는 어렵다.

사정이 이러하니 학생 수의 감소는 대학산업 규모의 축소로 이어질 수밖에 없다. 장기적인 존폐 문제를 떠나 당장 학교 운영에 큰 타격을 입는다. 일시적으로 국가가 보조금을 늘릴 수도 있지만 말 그대로 일시적일 뿐 장기적인 대안이 될 수 없고, 대학 교육의 수혜자는 개인이라는 정서가 여전히 강한 터라 국민들의 세금으로 사립대학의 재정을 보완한다는 것은 상상하기 힘들다. 등록금을 올려서 해결될 문제도 아니다. 안 그래도 우리나라 대학 등록금이 지나치게 높다는 인식이 일반적이고 '반값 등록금' 논의가 국민적 공감대를 형성하고 있는 것만 보아도 알 수 있다. (물론 대학에 진학하지 않은 사람들에 대한 불형평이라는 논리 역시 설득력 있기 때문에 세금보전 등으로 반값 등록금이 실현되기는 쉽지 않아 보인다.)

4년제 대학이 모두 저출산 세대로 채워지는 때는 2024년이다. 이때 등록학생 기준으로 사립대학에 재학하는 학생 수가 약 70만 명이 될 것으로 예상되는데, 이는 2013년의 약 114만 명에 비해 39% 줄어든 수준이다. 이렇게 되면 당연히 운영예산에 기여하는 등록금 수입이 크게 줄 수밖에 없다. 앞서 말했듯이 현재 사립대학 운용예산에서 등록금이 차지하는 비중이 65% 이상인데, 10년 뒤에는 44%밖에 되지 않을 것이라는 예측이다. 이렇게 되면 거의 대부분의 사학은 문을 닫을 수밖에 없다.

만약 당신이 대학 이사장이라면 10년 안에 3가지 대안 중 하나를 선택해야 한다. 첫째, 문 닫고 떠난다. 둘째, 교수를 줄인다. 셋째, 교수를 줄이면 강의가 줄어들어 학생도 오지 않으니 교수의 급여를 깎는다. 떠나고 싶은 교수는 떠나라고 하면 된다. 요즘 박사들이 얼마나 많은데. 예상컨대 아마 세 번째 안을 선택할 가능성이 가장 높을 듯하다. 아니면 지금도 추진되는 학과 통폐합을 더 강력하게 밀어붙이든지.

대학의 문을 닫는 것은 쉬운 선택이 아니다. 국공립 대학이라면 교육부가 결정할 수도 있겠지만 사립대학은 학교의 존폐 여부를 사학재단에서 결정하게 된다. 일반 회사는 폐업하면 자산을 모두 매각하는 방식으로 주주 혹은 회사의 주인들이 투자 자금을 조금이라도 회수할 수 있다. 하지만 대학을 폐업하는 경우 재단이 부지와 시설 등 대학의 자원을 매각해도 그 자금이 재단에 들어갈 수 없다. 비록 개인이 투자했더라도 학교가 폐교하는 경우 그로부터 발생하는 모든 자금은 국가에 귀속되게 하는 것이 현행 사립학교법이기 때문이다.

설령 재단이 재산을 모두 포기한다 할지라도 이미 다니고 있는 학생들의 학습권을 보장하지 않은 채 무작정 문을 닫을 수는 없다. 더욱이 대학, 특히 지방대학은 그 지역 산업의 중심이기도 하다. 대학 주변의 상권과도 매우 밀접하게 연결되어 있기 때문에 대학이 문을 닫으면 지역경제가 치명상을 입을 가능성이 크다.

그렇다면 교수를 줄여야 하나? 교직원 감축은 어쩌면 불가피한 방안인지도 모른다. 만일 2013년의 학생 대 교직원 수의 비중을 그대로 유지한다면 2020년 이후 전국 4년제 사립대학에 필요한 교직원의 수는 약 8만 7000명으로, 2013년의 14만 2000명에서 5만 명 이상 감축해야 도달할 수 있는 숫자다. 이는 앞으로 10년간 전국의 사립대학이 38%에 달하는 교수와 직원을 감축하지 않으면 학교의 운영 자체가 불가능하다는 것을 간접적으로 의미하는데, 과연 이러한 규모의 감축이 가능할 것인지 예상하기가 쉽지 않다.

대학은 간단하게 인원을 줄일 수 없는 구조로 짜여 있다. 대학에는 단과대학과 학과가 있고, 학과별로 학생의 수도 각기 다르다. 학생이 줄어든다고 해서 모든 학과의 정원을 일률적으로 줄일 것인가? 아니면 특정 학과를 없앨 것인가? 어느 쪽도 쉬운 문제가 아니다. 더욱이 교수와 교직원은 정년이 보장돼 있어서 정년 이전에 이들을 해고하기란 매우 어렵다.

그렇다고 월급을 줄이기도 말처럼 간단치는 않은데, 교수가 되기 위해 학위를 취득하기까지 걸린 시간적, 물적, 심리적 비용이 있기 때문에 그보다 적은 임금에는 저항이 클 것이다. 또한 교직원들은 노동조합을 통해 신분을 보장받고 있으므로 이들의 임금을 마음대로 줄일 수도 없다.

먼 미래의 일이 아니다. 이미 정원을 채우지 못해 고등학교를 찾아 대학 홍보전에 뛰어든 교수들이 적지 않다. 대학의 고민이 깊어가거나 말거나, 학생은 계속 줄어들 것이다. 대학교육의 수요자가 급감한다면 이는 대학의 규모에 어떻게든 영향을 줄 수밖에 없다.

유망직업은 언제까지 유망직업일까?

──────────────── 대학이 도산 위기에 놓여 있는 형편에 교수 관련 일자리가 늘어날 리 없고, 신규 임용이 쉬울 리 없다. 앞에서 교수를 꿈꾸는 사람이라면 결혼을 빨리 하는 편이 좋다고 말한 이유가 이것이다. 교수가 되어 안정된 생활을 영위할 가능성은 시간이 갈수록 낮아질 터이기 때문이다.

그런데도 어떤 이들은 자녀가 미국에서 박사과정을 밟고 있다며, 학위를 마치고 한국에 돌아오면 그래도 수도권 대학에서 교수는 할 수 있으리라는 기대를 품고 있다. 오랜 시간 자녀 뒷바라지하며 키워온 꿈을 면전에서 꺾을 수도 없고, 듣고 있으면 안타까울 뿐이다. 다만 가만 있기는 왠지 미안해서 교수도 좋지만 기업으로 가는 편이 더 나을지도 모른다고 조심스럽게 조언하곤 한다.

미국에서는 매년 인구학회가 열린다. 내가 처음 학회에 참석했던 것은 박사과정을 밟던 2000년이었다. 그때 한국에서 유학 온 학생은 나밖에 없었다. 인구학이라는 학문에 관심이 없었던 당시 한국 상황을 그대로 반영했던 듯하다. 그때 이런 생각을 했다. '아, 나는 희소성이 있으니 졸업하면 한국에서 교수가 될 수 있겠다.'

저출산 문제가 점점 심각해지고 있고, 그럼에도 한국에서 인구학이라는 학문은 여전히 희소하니 교수가 될 수 있으리라는 나름의 예측을 했던 것이다. 그리고 실제로 그리 되었다. 박사학위를 받고 미국에서 교수 생활을 하고 있었는데 지인이 한국에서 연락을 해왔다. 서울대학교 보건대학원에서 인구학을 가르치던 교수가 은퇴한 후 몇 년 동안 후임이 없었는데, 인구학 박사이니 한번 지원해보라는 것이었다. 그렇게 나는 서울대학교에서 교편을 잡게 되었다.

그리고 2015년에 역시 미국인구학회에 참석했을 때의 일이다. 나는 내심 놀랐다. 내게 와서 인사하고 가는 한국 학생이 15명이나 되었던 것이다. 하나같이 미국 명문대학에서 인구학을 공부하고 있는 학생들이 한국의 선배 학자라고 인사를 하러 온 것이다. 처음에는 뿌듯하고 기분이 좋았다. 한국에서도 인구학에 대한 관심이 점점 커지고 있구나 싶었다. 그러다 점점 불안해지기 시작했다. '이 친구들이 졸업하면 뭘 하지?'

미안한 말이지만, 이들은 잠재적 실업자였다. 2000년 당시 나는 잠재적 교수였는데.

내가 학위를 받을 때는 미국의 베이비부머가 은퇴하던 시점이어서, 미국의 교수임용 수요가 많았다. 그런데 지난 10여 년 동안 그 시장이 모두 닫혔다. 미국도 경기가 좋지 않으면 교수들을 새로 채용하지 않는다. 설령 채용하더라도 학문적 역량이 비슷하다면 백인이나 흑인 여성을 뽑지 아시아 유학생을 우선순위에 놓지는 않는다. 그들이 박사학위를 받는 미국 대학이 이런 상황이다. 한국은? 이미 말했듯이 정원을 채우지도 못할 위기에 놓여 있다.

나 또한 현재 대학원에 박사과정생을 뽑는 데 매우 신중하다. 교수로서 후학을 키우는 보람만 한 것이 또 있을까마는, 박사학위를 받고 나서 제자들이 갈 곳이 마땅치 않아서다. 세칭 대한민국 최고 명문대라는 서울대학교에서 박사를 받아도 갈 곳이 없는 것이 우리의 현실이다. 설령 어렵게 임용된다 해도 10년 후 자기 자리를 보장받을 수 없다.

이는 나 개인사에도 중요한 문제다. 내 아내가 직장생활을 병행하며 주경야독하더니 몇 년 전에 드디어 서울 인근의 지방 사립대 교수가 됐다. 당사자는 당연히 매우 기뻐했다. 하지만 나는 아내에게, 너무 좋아할 일은 아니라고 했다. 축하해주기는커녕 재 뿌리는 소리를 한다고 타박하는 아내에게 그날 처음으로 인구학 강의를 해줬다. 아내와 내 앞에 놓인 미래의 리스크에 대해. 내 연구영역은 그나마 희소성이라도 있지만 아내의 전공은 그렇지도 않으니 편하게 정년을 맞이할 꿈은 꾸지 말라고 했다. 속은 쓰리지만, 그것이 우리 부부 앞에 '정해진 미래'다.

교수는 우리나라에서 사회경제적 지위가 꽤 높은 직업으로 통한다. 그런 교수들이 앞날을 걱정해야 하는 현실이 되었다. 현재 최고의 직업으로 꼽히는 교사의 미래가 얼마나 암울한지는 앞에서 충분히 설명했다. 교직의 미래만 위험한 걸까? 어느 열성 부모는 자녀들을 의사, 변호사 만들겠다는 야망을 품고 열심히 뒷바라지해서 아이들을 모두 의대와 로스쿨에 보낸다.

지금이야 의사나 변호사를 최고의 직업으로 치지만, 앞으로도 과연 그럴까? 턱도 없는 말이다. '알파고' 같은 인공지능이 인간의 직업을 대체할 것이라고도 하는데, 설령 이들 직업이 사라지지 않더라도 미래의 전문직은 어려워질 수밖에 없다.

현재 활동하는 의사와 변호사들의 주축은 40대와 50대 초반이다. 이들이 언제까지 의사와 변호사를 할까? 60대? 70대? 글쎄, 이런 직업은 정해진 은퇴시기가 없으니, 건강이 허락하는 한 죽을 때까지 하지 않을까? 현재의 40~50대는 이전 세대보다 훨씬 건강하고 오래 사는 데다, 노후자금을 스스로 마련해야 하므로 쉽게 은퇴하지 않을 것이다.

은퇴가 있는 노동시장은 윗세대가 꾸준히 빠져나가면서 신규세대가 진입할 수 있는데, 의사나 변호사처럼 은퇴가 없는 노동시장은 빈자리가 나지 않는 한 신규세대가 들어갈 길이 없다. 게다가 기존 세대에는 신참이 가질 수 없는 경험과 암묵지가 풍부하다. 세월과 함께 떨어지는 정보력은 인공지능의 힘을 빌리면 된다. 어쩌면 인공지능의 등장은 젊은이들보다는 기성세대에 더 유리할지도 모른다. 힘들고 귀찮은 일은 인공지능이 다 처리해줄 테니. 의사가 나이 들어 진찰이 어렵다면, 인공지능이 환자의 데이터를 대신 분석해주면 된다. 그 데이터를 보고 가능성이 가장 높은 처방을 내려주면 된다. 미국의 법률회사들은 기존에 발생한 유사 사건의 판례를 모두 찾아서 자동으로 분석해주는 소프트웨어를 사용하고 있다. 발로 뛰며 일일이 판례를 뒤질 필요가 없어진 것이다. 이런 식으로 변호사직을 유지한다면 젊은 변호사들에게 돌아갈 자리는 더욱 줄어들 수밖에 없다.

입시교육 이외의 교육을 생각하자

──────────────────────────── 1대 1보다도 낮은 2023년의 4년제 대입 경쟁률은 매우 주목할 만한 예측이 아닐 수 없다. 10년도 안 남은 미래의 변화상 앞에서, 대학은 살아남

을 방안을 모색해야 한다. 나아가 현재 입시 중심으로 형성되어 있는 중고등학교의 교육정책 전반에도 큰 변화가 요구된다.

우리 머릿속에 교육환경이란 언제나 '개선해야 할 그 무엇'이 었다. 교실이 부족했던 과거에는 학교를 짓는 등 양적 개선에 힘 썼고, 어느 정도 자원이 갖춰진 후에는 질적 개선에 초점을 맞추 기 시작했다. 그러나 늘어나기만 했던 아이들이 갑자기 줄어들 면서 이제는 다른 방향으로의 개선이 요구되고 있다. 이제는 질 적 변화와 양적 변화가 동시에 필요하다. 물론 말처럼 쉬운 작 업은 결코 아니다. 교육환경은 학교시설뿐 아니라 교사, 교직원, 교육관련 산업 등을 망라하는데, 이들을 단기간에 급격히 조정 하는 것은 불가능하기 때문이다.

당장 교사 1인당 학생의 수가 변화하면 그에 맞춰 교습법도 달라져야 한다. 학생의 수가 40명일 때와 30명일 때, 15명일 때 교사가 학생들과 어떻게 소통하고 어떤 교습법을 사용해야 가 장 효과적일지는 제각기 다를 수밖에 없다. 학생이 40명일 때에 는 주어진 교과시간에 교사가 학생들을 일일이 챙기기 어렵다. 이 경우 교육은 주로 강의식으로 진행될 수밖에 없고, 학생의 수 학능력에 따라 성적 차이도 크게 난다. 반면 학생 수가 적으면 우리가 그토록 부러워하는 교육선진국의 토론식 수업을 채택할 수 있고, 모든 학생들이 발표와 참여의 기회를 가질 수 있다.

이처럼 수업의 질과 형식이 학생의 수에 따라 크게 달라지는 데 우리나라의 교단은, 특히 중고등학교 수업은 학생 수가 10여 명대로 줄었을 때를 적절히 대비하지 못하고 있는 것이 현실이다. 20명 남짓의 학생을 앞에 두고 교사들은 여전히 40~50명을 대하듯이 가르친다. 그래서야 되겠는가. 20명 정도 되면 교사가 학생을 1명도 놓치면 안 된다. 그런데 아직도 변화된 현실을 자각하지 못하고 학생들을 모두 관리하기 어렵다는 말만 되풀이한다면 문제 아닌가.

이제는 사교육에 맡겨두었던 교사 본연의 역할을 가져와야 할 시점이 되었다. 이를 위해 교사도 교육부도 새로운 교육 커리큘럼을 마련해야 한다. 지금까지 사범대학에서는 중고등학생 35~40명을 대상으로 가르치는 교수법을 지도해왔다. 과거에는 그것이 이상적인 교실 규모였기 때문에 한국이든 미국이든 똑같이 그런 규모를 상정하고 가르쳤다. 그러나 지금은 한 반에 20명밖에 없다. 그렇다면 사범대학 학생들은 물론 기존 교사들도 교수법을 새롭게 배워야 한다. 더 나아가 20명에게 뭘 가르쳐야 하는지부터 다시 고민해야 한다. 교사들이 새로운 교습법을 습득할 수 있도록 보수교육이 절실히 필요하다.

이러한 책무를 교사 개개인에게 맡겨둘 것이 아니라 교육부가 주도해야 한다. 그러나 아직까지 교육당국이 보이는 행보는 변화하는 현실을 오롯이 반영하지 못하는 듯하다. 일례로 최근 학교에서 직업과 관련한 교육을 강화하겠다며 학교에 진로지도 교사를 고용하겠다고 하는데, 과연 실효성이 있을지는 의문이다. 인공지능이 현재의 직업을 상당 부분 대체한다고 하는 마당에 현재의 직업을 바탕으로 한 교육을 강화하는 것이 큰 의미가 있을까? 내 딸도 중학생이라 진로교육을 받는데, 직업체험을 한다고 해서 물어보면 교사, 간호사, 의사 등 '현재 잘나가는' 직업을 다루고 있다고 한다. 진로지도 교사를 도입한다면 그들이 미래의 직업에 대해 잘 안다는 사실이 전제되어야 하는데, 이에 대한 사회적 신뢰가 얼마나 쌓였는지도 의문이다.

그럼에도 국가가 왜 이런 일을 벌이는지도 곰곰이 생각해볼 일이다. 혹여나 교사를 더 뽑아야 하는데 뽑을 수 없으니 없는 TO를 억지로 만드는 것은 아닌가 하는 염려 때문이다. 서울대학교 사범대학에서만 1년에 300명 넘는 예비교사가 배출되는데, 이렇게라도 해서 이들을 흡수하려는 고육지책은 아닐까? 물론 응급처방도 필요하다. 그러나 없는 TO를 억지로 만드는 식으로는 근본적인 해결을 할 수 없다. 그렇다고 TO가 없으니 사범대를 통폐합시킬 것인가? 이 또한 조심스러운 문제다.

교사 수급 문제를 근본적으로 해결하기 위해서는 사범대학의 변신이 필요하다. 예컨대 교사를 배출하는 역할 외에 현직 교사를 재교육하는 전문대학원 기능을 강화할 수도 있다. 이처럼 인구의 변화에 따라 대학의 구조조정도 추진되어야 하고 그에 따라 커리큘럼의 변화도 이루어져야 한다.

궁극적으로는 상급학교로의 입시 경쟁률이 달라지는 만큼 이를 반영한 진학제도가 마련되어야 한다. 지금처럼 18세 고졸자만을 대상으로 한 획일화된 선발제도의 틀에서 벗어나야 한다.

(혹자는 이미 대학 가는 방법이 1000가지도 넘어서 골치 아픈데 무슨 소리냐고 할 수 있다. 하지만 그 방법들도 거의 모두 18세 고3 학생 혹은 재수생들을 대상으로 한다는 점에서 여전히 획일적이다.) 자격만 갖추면 누구나 대학에 갈 수 있도록 제도를 열어놓아야 한다.

지금도 연령과 관계없이 대학에 입학할 수 있는 길이 없는 것은 아니다. 내가 아는 어느 분도 30대 후반의 나이에 서울에 있는 대학에 입학했다. 단순히 늦깎이 대학생 신분이 아니라 두 번째 인생을 준비하기 위해 직장을 다니면서 대학에 입학한 것이다. 그것도 수능시험을 통해서가 아니라 기본 소양과 직업 경험을 심사해 입학허가를 받았다. 4년의 수학을 마치면 대학교 졸업장을 받게 된다.

아직까지는 이런 방식으로 대학에 진학하는 문이 매우 좁고, 사회적 인식도 부족한 상태다. 그럼에도 이것이 대학이 살 길이기도 하다. 신입생의 연령과 계층이 다양해지면 함께 어울리던 또래의 연대감이나 대학 특유의 낭만 같은 것은 과거의 추억으로 남겠지만, 피할 수 없는 변화라면 받아들여야 하지 않겠나.

월급의 3분의 1을 학원비로 쓸 필요가 없다

───────────────────────────────── 대입 관련 제도와 정책의 변화는 비단 공교육의 변화에 그치지 않고 사교육 등 부모의 교육투자에도 큰 영향을 미치게 된다. 한마디로,

군이 대학입시에 아이의 인생을 걸고 부모 월급의 3분의 1을 쏟아부을 필요가 없어진다는 것이다.

좋은 대학에, 기왕이면 좋은 학과에 보내고 싶은 한국 부모의 열망은 사교육 시장으로 수렴된다. 오늘날 사교육은 학부모들에게 매우 큰 경제적 부담일 뿐 아니라, 집값과 더불어 부부들이 출산을 꺼리게 하는 핵심요인 중 하나다. 수많은 학부모들이 사랑하는 자녀를 위해 소득의 상당 부분을 사교육비로 쓰고 있으며, 심지어 노후를 위해 모아야 할 돈을 헐어서 사교육에 올인하는 경우도 심심치 않게 보인다.

통계청의 사교육 실태조사에 따르면 2015년 우리나라의 사교육비 총액은 17조 8000억 원으로 추계된다. 2009년의 21조 6000억 원에 비하면 줄어든 것이 틀림없지만, 여전히 엄청난 산업임에 틀림없다. 최근 발표된 현대경제연구원의 연구보고서에 의하면 현재 우리나라 중산층 가구에서 지출하는 사교육비 비중은 전체 가처분소득의 10.27%에 달하는 것으로 나타났다.[5] 가정에서 반드시 지출해야 할 '의식주' 관련 항목이 아닌데도 10%가 넘는 수준이니 가정 경제에 얼마나 큰 부담인지 실감할 수 있다. 통계청의 2015년 사교육 실태조사는 사교육에 참여하는 학생 1인이 평균 35만 2000원을 지출하고 있다고 보고했다. 두 자녀가 있는 가정은 70만 원에 달하는 사교육비를 쓰는 셈이다.

사회 전체가 한 목소리로 과도한 사교육을 경계한다. 이렇게 많은 돈을 사교육에 쓰는 게 과연 잘하는 걸까? 사교육을 시키는 부모들조차 이런 의구심을 갖고 있다. 그러나 이 고민을 할 때 '인구'를 염두에 두는 사람은 많지 않은 듯하다. 대개의 기준은 그저 '지금'이고 '옆집'이다. 초등학생의 부모가 보기에 '지금'의 대학입시가 만만치 않고, '옆집'에서는 초등학생 자녀에게 벌써 엄청난 사교육을 시키고 있으니 나도 옆집만큼은 해야지 하는 마음으로 연금에 불입할 돈을 학원에 보낸다.

과연 현명한 판단일까? 내 아이가 대학입시를 치르는 시점은 현재가 아니라 미래다. 그렇다면 판단기준도 미래에 두어야 하지 않을까? 지금의 고등학생을 둔 가정이나 옆집이 아니라 내 아이가 시험을 치르는 미래 말이다.

특히 저출산 세대 자녀를 두고 있다면 전략을 다시 짜야 한다. 2002년 이후 평균적으로 약 45만 명밖에 태어나지 않았다. 반면 앞서 말했듯이 현재 대학 입학정원은 50만 명 이상이다. 이들이 미래에 맞게 될 입시환경은 현재 고등학생의 현실과는 전혀 다를 수밖에 없다.

그리고 이는 당연히, 사교육 시장에 직격탄이 된다.

개인에게 사교육은 부담스러운 필요악이지만, 경제적 측면에서 보면 사교육은 18조 원 규모의 거대한 '산업'이다. 부모들이 사교육에 의존하는 이유가 공교육의 양과 질이 만족스럽지 못해서일 수도 있지만, 산업으로서 사교육 시장이 교육 정보에 어두운 개인들의 유입을 지속적으로 유도하고 있기 때문이기도

하다.

학부모 개개인이 사교육비를 지출하는 동기가 어떤지는 세세하게 알기 어렵다. 3년 후 특목고에 보내겠다는 계획으로 미리 투자하는 사람도 있을 것이고, 지난 해 대학입시가 갑자기 어려워졌다 하니 겁이 나서 학원에 보내는 가정도 있을 것이다. 같은 반 아이 엄마들이 용하다고 추천하는 학원에 무작정 보내는 엄마들도 적지 않다. 어떤 동기에 의해서든 부모들은 아이들이 학교에서 돌아오면 다시 학원에 보낸다.

이들이 불현듯 사교육은 필요 없다고 각성할 리 없다고 가정할 때, 사교육 시장은 소비자인 학생들의 인구 크기에 밀접히 좌우될 것이다. 또한 인구변화가 급격히 일어나면 아무리 개개 학부모의 사교육비 지출이 커진다 해도 전체 사교육비 시장은 축소될 수밖에 없다.

이를 확인해보기 위해 내가 연구책임자로 2013년에 연구를 진행한 적이 있다.[6] 당시 1인당 사교육비 지출액이 그대로 유지된다는 가정 하에 이전 7년간 사교육 시장이 어떻게 변화했는지 분석하고, 이를 근거로 미래의 사교육 시장을 예측해본 것이다.

그 결과 초등학교 사교육 시장은 애초의 예상대로 초등생 인구감소에 비례해 축소되는 것으로 나타났다. 초등학생은 그 또래들이 으레 하게 마련인 영어나 수학, 예체능 사교육을 일반적으로 시키기 때문에 아이들이 줄어든 만큼 시장도 줄어드는 것으로 보인다.

홍미로운 것은 중학생 사교육에 대한 예측결과였다. 2007~13년 사이 중학생 인구가 줄었는데도 사교육비 총액은 줄지 않았고, 이를 근거로 할 때 앞으로도 어느 정도 시장규모를 유지할 것으로 예측된 것이다. 최근 특목고 학생들이 소위 명문대에 많이 합격한다는 기사가 나오면서 고등학교 입시가 과열되는 양상을 보였고, 이에 따라 중학생 수가 줄었는데도 사교육비 지출은 오히려 늘어났던 것이다. 반면 고등학생의 사교육비 지출은 최근 몇 년간 학생 감소폭보다 오히려 더 크게 줄고 있어서, 모든 점을 감안할 때 중학교와 고등학교가 저출산 세대로 채워지는 시점이 되면 사교육 시장은 2013년의 65% 수준으로 축소될 것으로 전망되었다.

실상 학생 수는 2000년대 들어 이미 조금씩 줄어들고 있다. 그럼에도 지금까지 사교육 시장이 위축되지 않았던 이유는 철저히 공급자 위주로 움직이는 산업의 특성 때문이다. 앞서 말한 대로 한국에서 대학은 단순한 고등교육기관의 의미를 넘어 경제적, 사회적 성공의 첫 단추로 인식되어왔기 때문에 부모들이 자녀교육에 관한 한 투자를 아끼지 않았다. 여기에 공교육에 대한 불신이 더해져 사교육 투자는 더욱 커졌고, 수요가 크니 사교육 시장은 자연스럽게 공급자 중심으로 형성되었다. 사교육비가 말도 안 되게 비싸도 아들딸이 잘되기를 바라며 울며 겨자 먹기로 따를 수밖에 없었다는 뜻이다.

물론 현재 한국사회의 중추라 할 수 있는 베이비부머 1~2세대(일반적으로 1세대는 1955~64년생으로 이때는 출산율이 높았던 때이고, 2세대는 1965~74년생으로 이때는 출산율은 낮아졌지만 출산아 수가 많았을 때다) 중에서도 사회적, 경제적 지위를 획득한 이들은 대개 대졸 이상의 학력을 가지고 있기 때문에 사회적으로 대학에 대한 열망이 클 수밖에 없다. 이를 자녀들에게도 요구하는 것은 어찌 보면 자연스러운 현상이다.

그러나 앞에서 살펴보았듯이 2016년 현재 수험생 자녀를 둔 학부모들은 대졸자가 절반 이하인 반면, 몇 년 아래 저출산 세대의 부모들은 70% 이상이 대졸자다. 이 부모들은 대학 졸업장이 가져다주는 사회적 혜택을 누려본 경험이 상대적으로 적다. 3분의 2가 대졸자인데, 혜택을 누릴 것이 있었겠는가.

이처럼 대학이 줄 수 있는 혜택이 적어지는 데다 학생 수마저 크게 줄어들 테니, 몇몇 예외를 제외하고 앞으로 대학입시 경쟁은 지금보다 뜨뜻미지근해질 수밖에 없다. 모든 학부모들이 대학에 목매고 사교육에 올인할 이유가 없다는 뜻이다.

그래서 나도 두 아이의 학원을 끊었다. 그 대신 서예학원을 보낸다. 서예가 아이에게 유익한 면이 분명히 있는데 학교에서 가르치지 않고 따로 배우는 아이들도 적으니 희소성이 있을 것 같아서다. 물론 쉽게 내린 결정은 아니다. 한국에서 학생을 키우는 부모로서의 불안함이 어찌 없겠는가. 나뿐 아니라 많은 학부모들이 사교육의 유혹을 쉽사리 떨치지 못할 것이다. 학부모들이 자녀를 교육할 때 미래의 사회적 환경이 아니라 자신이 겪어본

과거와 현재의 환경과 조건을 기준으로 생각하는 한 불안함은 어쩔 수 없다.

그러나 아이들을 위한다면 뜨거운 사랑 못지않은 냉철한 판단 또한 필요하지 않을까. 초등학생 자녀의 대입 혹은 대졸 이후의 삶을 설계하면서 현재의 대입 경쟁률과 대졸자의 삶을 염두에 둔다는 것은 그 자체로 모순 아니겠는가.

특히 '경쟁에서의 생존'을 생각한다면서 '경쟁자의 크기'를 염두에 두지 않는다는 것은 말이 안 된다. 아이의 성공을 위해서라도 지금의 사회적 잣대와는 전혀 다른, 미래사회를 보는 새로운 잣대가 필요하다.

그나저나, 군대는 누가 채우지?

──────────────── 대학 입학과 더불어 경험하게 되는 20대의 가장 큰 '사건'은 군 입대다.

어느 나라나 마찬가지이지만 특히 우리나라는 휴전상황이라는 현실상 군 병력의 규모가 매우 중요하다. 대학교육과 달리 군 복무는 일정 연령대의 남성들이 의무적으로 수행해야 하기 때문에, 입대 연령 인구의 크기는 고스란히 우리나라의 병력 크기로 이어진다.

그동안 우리나라는 한국전쟁 이후 1970년대 중반까지 인구가 계속 증가했기 때문에 병력수급에 어려움이 없었다. 한 해에

100만 명 이상 태어난 1960년대 말~1970년대 초반 출생자들이 주로 입대했던 1990년 전후로는 입대 대기자가 몰려 고등학교를 졸업하지 않은 이들은 현역으로 입대할 수조차 없었다. 1980년대 이후 출산율이 낮아지면서 징집대상에 있는 인구도 줄어 중졸자 남성들도 기본적으로 현역입대 대상이 되었지만, 그때만 해도 인구감소 속도가 빠르지 않았기에 징집에 차질이 빚어진 적은 거의 없다. 그뿐 아니라 군의 장비가 현대화, 자동화되면서 사병에 대한 수요가 점차 줄었기 때문에 병력수급을 심각하게 고민할 필요가 없었던 것이 사실이다.

그러나 앞으로 20대 초반의 남성이 적어질 터이니 군 입대 자원 또한 축소될 수밖에 없다.

현재 국방부는 사병의 징집과 관련해 자세한 통계를 제공하지 않기 때문에 사병의 정확한 연령별 분포를 알 수는 없다. 하지만 몇 가지 통계를 조합하면 어느 정도는 추정 가능하다. 국방부가 2014년에 내놓은 국방개혁 기본계획에 따르면 2013년 말에 우리나라의 군 병력은 약 63만 명이고 이 중 간부가 약 29%, 사병이 71%다. 즉 징집에 의해 유지되는 사병의 크기가 현재 약 44만 7000명이란 뜻이다.

군 입대 연령은 개인이 처한 사정에 따라 다르지만 20~25세 사이에 군 복무를 마치는 것이 일반적이므로 이 연령대의 남성만을 고려하면, 2014년 현재 약 220만 명 가운데 20%가량이 현역병으로 복무하고 있다고 추정해볼 수 있다. (대체복무하는 경우는 포함하지 않았다.) 만일 국방부가 현재 수준의 현역병 규모를 유지한다면 20~25세가 모두 저출산 세대로 채워지기 시작하는 2027년에는 이 연령대 남자들의 31%가 군대에 가 있어야 한다.

군 병력을 추산하는 작업이 중요한 이유는 비단 충분한 병력을 확보해야 하기 때문만이 아니다. 그에 못지않게, 군대에 징집된 인구집단의 크기가 사회에 남아 있는 인구의 크기를 결정하기 때문이다.

사회가 제 기능을 수행하며 정상적으로 유지되려면 적정 인구가 사회에 있어야 한다. 예컨대 20세 남성이 100명 있다고 가정하고 이 중 30%인 30명이 징집되었다면, 남아 있는 70명이 대학도 가고, 직장에서 일도 하고, 소비도 하는 등 사회를 유지하는 역할을 수행하게 된다.

그런데 만일 20세 남성 인구가 절반으로 줄어든다면, 15명이 군대에 가고 나머지 35명이 사회를 유지하게 된다. 만약 15명으로는 국방이 위태로워진다며 기존대로 30명을 징집한다면 사회에 남게 되는 인구는 20명밖에 되지 않는다. 사회를 유지하는 데 당연히 심각한 차질이 빚어진다.

다행히 군의 현대화, 자동화 추세에 맞춰 국방부는 2022년까지 국군의 규모를 63만 명에서 52만 명으로 축소할 것이라고 발표한 바 있으므로 앞에서 제시한 예상치가 그대로 들어맞을 가능성은 적다. 그러나 한 가지 짚어봐야 할 점이 있다. 사병의 연령분포에서 가장 높은 비중을 차지하는 인구는 만21세. 군 입대자의 46%가 20세에 입대해서 21세에도 여전히 군복무를 하는 데다, 21세 입대자 비중도 크기 때문이다. 2022년은 저출산 세대가 최초로 입대하는 시점이므로, 인구가 줄어들어 군 병력에 차질이 빚어지는 실질적인 시점은 저출산 세대가 21세를 맞는 2023년부터다. 따라서 계획대로 국군을 감축한다 해도 2023년 이후 20~25세 남성 중 군복무자의 비율은 별로 낮아지지 않을 것으로 예상된다.

이 점을 감안하면 국방부가 초저출산 현실의 심각성을 충분히 고려하여 감축안을 마련한 것은 아니라는 아쉬움이 든다. 이 때가 되면 징집대상 인구가 급감해 징집인원을 늘릴 수도 없기 때문에 군 제도를 전반적으로 수정하는 변화가 불가피해진다.

이러한 상황은 국방 이외의 분야에도 많은 점을 시사한다. 그나마 병력의 경우 국방부가 (비록 초저출산 세대를 충분히 고려하지 못했더라도) 병력축소 계획을 발표했기에 앞으로의 상황 전개를 미리 계획할 수 있다. 이러한 변화조차 시도하지 않은 채 현재 상황을 그대로 유지하려 하는 분야가 아직도 너무 많다. 그렇게 손 놓고 있다가는 해당 시스템이 유지되는 데 필요한 인원도 채우지 못하는 최악의 상황이 실제로 발생하게 될 것이다.

물론 국방부 또한 계획대로 병력감축을 진행하지 못하면 최악의 시나리오를 맞닥뜨릴 수밖에 없다. 이미 여러 차례 언급한 바와 같이 우리나라는 분단의 현실 때문에 인구가 줄어든다고 해서 군 병력을 쉽게 줄일 수 없다. 사회 일각에서는 자동화와 현대화를 더욱 강하게 추진하여 징집제를 모병제로 바꾸어야 한다는 목소리가 있지만, 여기에는 엄청난 군 제도의 변화, 내부 전략 및 비용 등의 변화가 수반되어야 하기 때문에 쉽게 결정할 수 있는 사안이 아니다. 2023년이 오기 전에, 병력감축안을 넘어서는 근본적인 대책을 더 마련해야 할지도 모른다. 물론 인구학적 관점을 반영해서 말이다.

저출산 문제는 국가적 위기이지만
개인에게는 기회가 되리라 생각할 수도 있다.
경쟁이 치열하지 않으니 취업이
상대적으로 쉽지 않겠나 기대할지도 모른다.
그러나 문제는 그렇게 간단하지 않다.
저출산과 함께 우리를 옥죄는 '고령화' 현상 때문이다.
일할 젊은이는 줄어들고
그들의 세금으로 부양해야 하는 고령인구는 늘고 있다.
노후자금이 부족한 고령자들은 가능한 한 오래 일하려 하고,
젊은 층과의 일자리 경쟁을 불사한다.
이는 세대갈등이라는 사회문제가 된다.

저출산+고령화, 전쟁 같은 밥그릇 싸움

인구학적으로 볼 때 최근 보이는 사회현상 중 가장 기이하고도 안타까운 것은 뭐니 뭐니 해도 청년고용 문제다.

수요-공급 원리로 보면 최근의 청년실업 문제가 쉽게 납득되지 않는다. 노동시장의 크기가 정해져 있는데 여기에 들어오는 인구의 수가 예전만 못하면 노동시장은 당연히 수요자 중심에서 공급자 중심으로 변화하게 돼 있다. 그런데 아이러니하게도 청년인구가 줄어드는 마당에 젊은 층의 노동참여는 점점 더 막혀가고 있으니 어찌된 일일까. 상식적으로 앞에서 베이비붐 세대가 많은 일자리를 만들어놓았으면 뒤 따라오는 세대는 취업이 한결 편해져야 하는데 전혀 그렇지 않다. 그렇다고 직장생활을 영위하고 있는 윗세대가 발 뻗고 편히 자느냐 하면 그것도 아니다.

물론 일자리는 저마다 요구하는 자질, 소위 '스펙'이 다르기 때문에 단순하게 세대별 인구 크기로만 취업의 용이함을 논하기는 어렵다. 특히 우리나라처럼 대졸자의 비율이 높아지는데 이들을 위한 일자리는 제자리걸음인 경우는 인구의 크기와 무관하게 수요와 공급의 질적 측면에서 부조화가 나타나게 마련이기에, 저출산 추세만을 근거로 미래의 고용환경이 좋아지리라 예측하기는 조심스러운 것이 사실이다.

그럼에도 전체 노동시장은 수요와 공급의 양적 측면에서 자유로울 수 없으므로, 미래의 고용환경을 전망하는 데 인구변화는 가장 먼저 염두에 두어야 할 사안이다.

인구가 줄어들면 취업은 쉬워질까?

—————————————————— 인구 크기 변화와 노동시장의 수요-공급 관계를 살펴볼 때는 두 가지 가설을 세울 수 있다.

첫째, 현재의 노동시장 규모가 크게 달라지지 않으리라는 가정 하에 수요-공급 관계를 보는 것이다.

둘째, 공급이 줄어들면 노동시장도 반드시 줄어든다는 가설 하에 보는 것이다. 이때 시장논리에 따라 알아서 노동시장이 줄어들게 놔둘 수도 있고, 충격을 완화하기 위해 미리 정부가 개입해 인위적으로 노동시장을 줄여놓을 수도 있다.

사회진출을 준비 중인 20대만을 놓고 수요-공급을 따져본다면 아마도 단기적으로는 첫 번째 시나리오가, 장기적으로는 두 번째 시나리오가 작동할 것으로 예상된다. 하지만 노동시장에는 20대만 있는 게 아니다. 20대의 유입이 줄어들면 윗세대에도 어떤 식으로든 영향이 가게 돼 있다. 게다가 노동인구는 세금을 담당하는데 노동시장이 축소되면 조세수입도 당연히 줄어든다. 국가가 이런 상황을 시장논리에만 맡겨둔 채 손 놓고 있을 수는 없다. 개인 차원에서든 국가 차원에서든, 대응전략이 필요한 이유다.

실업률 제로 vs 고용규모 감소

먼저 앞으로 일자리를 찾아야 할 청년층의 규모가 어떻게 될지 살펴보자.

통계청의 국가통계포털이 제공하는 2004~14년의 자료를 바탕으로 20~24세 인구의 고용환경을 분석해보았다. 이 연령대 중 고등학교 또는 대학교를 졸업하고 취업전선에 뛰어든 인구는 대략 절반 수준으로 조사되었다. 즉 2014년 20~24세 인구는 300만 명이고, 이 중 148만 명 정도가 경제활동인구로 추산된다. 이 비율이 계속 유지된다고 가정하면 2020년에는 138만 명, 2035년에는 97만 명이 경제활동에 뛰어들 것으로 예상되어, 저출산 흐름에 따라 경제활동을 하는 인구 또한 크게 줄어들 것임을 어렵지 않게 예측할 수 있다.

여기에서 우리가 알아보고 싶은 것은 경제활동인구 중 실제 취업자가 얼마나 되는지다. 경제활동인구는 일할 의사가 있는 사람들, 즉 취업자와 실업자를 합한 수치이므로 경제활동인구에서 취업자를 빼면 실업자 규모를 알 수 있다.

또 하나, 취업자의 숫자는 곧 현재 노동시장의 고용규모를 알려주는 척도가 된다. 물론 고용규모만큼 모두 취업하는 것은 아니다. 특히 수요와 공급이 부조화를 이룰 때는 더욱 그러하다. 우리 회사가 원하는 인력은 대리급인데 신입만 지원하면 100명이 몰려도 뽑을 수 없다. 이처럼 '조건'이 맞지 않아서 고용규모만큼 뽑지 못하는 경우는 있지만, 거꾸로 고용규모보다 더 많이 취업하는 일은 생기지 않는다. 따라서 취업자의 수를 보면 당시 고용규모가 대략 어느 정도인지 알 수 있다. 미래의 노동시장에서 고용규모가 얼마나 될지 가늠할 수 있다면 인구변화가 그 규모를 얼마만큼 충족시킬지도 알 수 있다.

20~24세 경제활동인구 중 실제 취업자의 수는 2004년에 약 174만 명이었다가 계속 감소하여 2014년에는 133만 명으로 축소되었다. 이 연령대의 2014년 경제활동인구가 약 148만 명이었으므로 실업자는 '148만-133만=15만', 즉 15만 명이라는 계산이 나온다.

앞으로 20~24세의 경제활동인구가 줄어들 것이므로, 고용규모가 그대로 유지된다고 가정하면 실업자는 점점 줄어들 것이다. 당장 2020년에는 실업자가 7만 명에 불과하고, 저출산 세대가 성년을 맞는 2022년부터는 청년실업 제로, 즉 실업이 '0'에 이르는 완전고용 상태가 될 수도 있다는 예측이 나온다. 산술적으로 따져볼 때 (원하는 직장은 아니더라도) 마음만 먹으면 누구나 일자리를 찾을 수 있는 꿈의 세계가 10년 이내에 도래한다는 것이다.

이것이 앞에서 말한 첫 번째 시나리오다. 그러나 현재의 고용 규모가 그대로 유지된다는 보장이 있는가? 이런 반론이 충분히 나올 수 있다. 그러니 이번에는 두 번째 시나리오를 적용해보자. 인구변화에 따라 시장규모도 함께 작아지면 어떤 변화가 일어날지 보는 것이다.

시장규모와 인구가 같은 비율로 변화한다면 고용률과 실업률도 그대로 유지될 것이다. 2011~14년까지 경제활동인구 중 취업자 비율은 평균 91%이므로, 이 비율이 앞으로도 계속 유지된다고 가정하면 2022년에는 고용규모가 116만 명에 불과하게 된다. 2013년과 비교해 13%가량 축소된 규모다. 이 추세가 계속되면 2030년의 고용규모는 약 90만 명 수준에 머물 것으로 예상된다.

실업률 제로와 고용규모 감소, 이 두 가지 시나리오 중 어떤 것이 미래의 현실이 될까? 아마도 어느 쪽도 100% 실현되지는 않을 것이다. 그럼에도 우리가 이 두 시나리오를 음미해야 할 이유는 있다.

실업률 제로의 시나리오는 우리가 인구변동을 예측하고 노동시장에 미칠 영향에 미리 대비하지 않을 때 나타날 현상이고, 두 번째 시나리오는 인구변동에 따라 노동시장 규모를 축소할 때 발생할 결과다. 여러분이 취업을 준비하고 있다면 첫 번째 시나리오가 실현되기를 고대하겠지만, 고용주 입장이라면 일할 사람을 구할 수 없는 시나리오는 재앙 그 자체다. 고용주들로서는 인력난의 충격을 최소화하기 위해 두 번째 시나리오처럼 고용규모의 축소, 즉 다운사이징을 준비하는 것이 더 유리할지 모른다. 실제로 이미 생산 및 서비스 업무가 꾸준히 자동화되면서 인간의 노동력을 필요로 하는 영역이 지속적으로 줄어들고 있기도 하고 말이다.

일반적으로 다른 조건들이 지금과 동일하다면 청년층이 줄어드는 상황에서 이들의 노동참여는 앞으로 다음과 같이 전개될 것이다. 즉 먼저 첫 번째 시나리오처럼 노동시장이 현재의 수요자 중심에서 공급자 중심의 시장으로 바뀌었다가, 점차 시간이 지나면서 노동인력의 충원이 어려워지면 궁극적으로 고용규모의 축소 즉 두 번째 시나리오가 현실화될 것이다. 그럼에도 다운사이징은 말처럼 간단한 문제가 아니다. 노동생산성이 크게 향상되지 않는 한 고용규모가 축소된다는 것은 궁극적으로 경제규모의 축소를 의미하기 때문이다.

만약 전 연령대의 인구가 동시에 줄어든다면 전반적인 경제규모의 축소를 감내할 수도 있을 것이다. 하지만 현재 우리나라는 저출산과 인구 고령화를 함께 겪고 있고, 그 추세는 당분간 더욱 심화될 것이다. 이에 따라 고령인구에 대한 사회적 비용 지출은 더 늘어날 수밖에 없으므로 젊은 연령만을 기준으로 경제규모를 축소한다는 것은 사실상 거의 불가능하다.

물론 경제규모를 축소하는 대신 생산성을 향상시키고 조세비율을 높임으로써 고령인구를 위한 사회적 비용을 충당할 수도 있다. 하지만 생산성 향상이 언제 얼마나 이루어질 것인지 예측하기는 어렵고, 섣불리 조세비율을 높이려다가는 자칫 거센 조세저항에 부딪힐 수 있다.

그렇다고 첫 번째 시나리오가 반드시 바람직한가 하면 그것도 아니다. 물론 일자리가 부족해 대량실업이 발생하는 것보다는 좋을 것이다. 하지만 필요한 일자리를 모두 채우지 못한다는 것은 그만큼 기존의 경제규모가 우리나라 현실이 감당하기에는 부담스럽다는 뜻이고, 궁극적으로 경제규모를 축소할 수밖에 없는 결과로 귀착될 것이다.

저출산이 취업의 기회가 되지 못하는 이유

이쯤 되면 이런 의문이 들지도 모르겠다.

그래도 일단은 첫 번째 시나리오가 작동해 단기간이라도 청년 취업이 쉬워질 것이라 했는데, 왜 지금 청년들은 취업난에 몸살을 앓는가?

일단 이는 청년들이 참여할 수 있는 노동시장의 특성에서 기인한 것이기도 하다. 20대 초반 연령대를 위한 노동시장은 다른 연령대에 비해 숙련도나 전문성을 많이 요구하지 않는 것이 일반적이다. 이 연령대의 노동시장은 진입적entry 성격이 강하고, 정규직보다는 비정규직이거나 시간제 근로인 경우가 많다. 예전에는 이러한 미숙련 인력을 고용해 기업 내부에서 교육을 시켜가며 경력자로 키웠는데, 경기가 어려워지면서 기업에서도 업무를 가르쳐가며 키울 여력이 없어졌다. 그보다는 당장 성과를 낼 수 있는 숙련자 위주로 채용하는 바람에, 20대가 참여할 수 있는 노동시장의 규모가 다른 연령대의 노동시장에 비해 훨씬 작아졌다.

다른 한편으로 이 문제는 '무조건 대학은 나와야 한다'는 개인의 의지와 대학 규모를 키운 정부정책의 산물이기도 하다. 생각해보자. 베이비붐이 절정에 달했던 1972년생은 나를 포함해 약 100만 명이다. 내가 입학할 때 대학 진학률은 38%였고, 일단 졸업만 하면 비교적 순탄하게 취업에 성공했다. 이 말은 곧 한국에 대졸자를 위한 일자리가 38만 개 수준으로 형성되었다는 뜻이 된다. 그 뒤로 1972년처럼 많이 태어난 해가 없으니 경제가 급격히 발전해 수요가 폭발하지 않는 한 1972년생 대졸자의 일자리 수가 매년 우리 사회가 대졸자를 수용할 수 있는 최대치라 보아도 무방할 것이다.

현재 30세 전후인 1980년대 중반생의 인구규모가 각 80만 명 정도인데, 이 중 70% 이상이 대학에 진학했다. 산술적으로만 보면 30세 대졸자 56만 명 중에서 20만 명은 놀아야 한다는 계산이 나온다. 이런 상황에서는 근본적으로 시장이 필요로 하는 일자리 수요가 획기적으로 늘어나지 않는 한 어떤 고용촉진 정책도 미봉책이 될 수밖에 없다.

더욱이 한국경제는 과거와 달리 저성장이 고착화되었고, 고령인구가 많아 신규취업이 점점 어려워지는 추세다. 여기에 더해 이제는 인공지능이라는 효율성 괴물과도 경쟁해야 한다. 40만 명씩밖에 태어나지 않은 10대들의 미래가 밝지 않은 이유다. 대학은 쉽게 갈 수 있을지언정 취업은 여전히 어려울 것이기 때문이다. 고학력 실업자 양산이라는 측면에서라도 대학 입시제도는 바뀔 필요가 있다.

이와 함께 청년실업 문제를 바라보는 열쇠말 중 하나는 바로 '고령화'다. 저출산과 거의 동급으로 심각한 인구문제가 바로 고령화다. 단, 고령화는 우리나라만의 문제가 아니라 전 세계가 함께 안고 있는 고민거리다. 즉 저출산 현상이 일어나지 않더라도 고령화는 피할 수 없는 흐름이라는 것. 다만 우리나라는 고령화와 저출산이 맞물리면서 문제가 더욱 증폭된 측면이 있다. 고령화는 인구와 관련한 온갖 현상에 모두 관여하는 키워드이므로 이 책에서도 계속 주요하게 다루게 될 것이다.

이런 다양한 요인들이 중첩되면서 20대들의 삶이 힘들어지고 있다. 더 심각한 사실은 지금의 10대인 저출산 세대의 인생은 지금의 20대보다 더 힘들어질 가능성이 크다는 것이다. 부모에 대한 의존도 더 심해질 것이다. 30대가 되면 부모 세대보다 월급이 많아져야 하는데 그럴 가능성이 별로 없다. 지금의 20대가 부모보다 가난한 첫 세대가 될 것이라고들 말하는데, 그들보다 사실상 저출산 세대의 미래가 더 어둡다.

만약 경기가 좋은 상황이었다면 저출산 현상이 경쟁자가 줄어드는 '기회'로 작용할 테지만, 우리나라는 그렇지 못하다. 경기라는 것은 소비시장과 생산시장 그리고 세금정책 등과 맞물려 돌아가는데, 고령화에 따른 사회적 비용 부담이 워낙 커지면서 우리나라 경제규모가 이를 감당하기 어려워진 것이다. 그야말로 소비시장의 축소가 생산시장을 축소시키고, 그 결과 일자리를 얻기가 더 어려워지는 악순환이 일어나고 있다.

10년 후에도 직장에 다닐 수 있을까?

━━━━━━━━━━━━━━━━ 인구학은 어느 특정 연령대만 보는 것이 아니라 삶 전체를 따라가며 관찰한다. 이 사람들이 어떤 시기를 사느냐, 어떤 코호트cohort냐 하는 것이 중요하다. 실제로 인구학에서는 어느 특정 연령보다는 그 즈음 같이 태어난 사람들의 크기가 더 중요하다. 이를 '코호트'라 하는데, 일상적으로는 '세대'라는 개념과도 비슷하다.

내가 대학을 졸업한 1997년에는 외환위기 때문에 어려웠지만 그래도 대부분 졸업하면 직장을 가졌다. 그때 내 또래들의 기대는 '내가 마흔 정도에는 그래도 부장쯤은 돼 있겠지' 하는 것이었다. 왜 그런 생각을 했을까? 내 윗세대, 그리고 내가 속한 코호트가 그런 길을 밟았기 때문이다. 그리고 대다수의 베이비부머 2세대들은 실제로 그렇게 되었다.

그런데 지금 신입직원들은 그런 기대를 할까? 일단 스펙을 쌓고 구직활동을 하느라 직장생활을 늦게 시작하는 바람에 40세가 되어도 직장경력이 10년이 채 안 된다. 그러니 부장은 언감생심, 과장 정도밖에 하기 어렵다. 이것이 이를테면 각 세대가 겪는 경험의 차이다. 이처럼 코호트 사이의 변화를 추적하다 보면 변화의 방향이 드러나고, 자연스럽게 미래에 어떤 현상이 가속화될지 가늠할 수 있게 된다.

최근의 인구현상 중 세계적으로 가장 큰 흐름이 '고령화'라고 했다. 사회가 고령화됨에 따라 똑같은 연령대라도 앞세대와는 전혀 다른 경험을 하게 된다.

생각해보자. 우리 회사는 언제 '고령화'가 시작될까? 흔히 사회의 고령화만 생각하기 쉽지만, 사회가 늙는 만큼 우리 회사도 고령화된다. 국가는 말할 필요도 없고, 회사로서도 이는 매우 중요한 이슈다.

여러분이 다니는 회사를 생각해보라. 말단직원의 나이가 몇 살인가? 과거에는 회사마다 상업학교 3학년 학생이 취업해서 일을 했다. 언젯적 이야기를 하는 거냐고 타박할지 몰라도, 불과 10~20년 전만 해도 그랬다. 그런데 지금은 회사에서 20대를 찾아보기가 쉽지 않다. 회사마다 1명씩 있는 '늙은 막내' 직원은 내가 언제까지 막내 노릇을 해야 하느냐고 푸념이다. 신입을 뽑아야 막내 자리를 물려줄 텐데, 좀처럼 들어오지 않는다.

이런 현상은 앞으로도 계속될 가능성이 크다. 그렇다면 우리 회사의 현재 연령구조가 언제까지 유지될까? 최근 우리나라 조선업이 매우 어려워졌는데, 여러 가지 이유가 있겠지만 경쟁국인 중국에 비해 인건비가 워낙 높아서이기도 하다. 인건비가 왜 높은가? 노동조합 때문인가? 그럴 수도 있겠지만, 근본적으로는 조직이 고령화되었기 때문이다. 기존 직원들이 나가지 않는다면 회사 규모를 계속 키우지 않는 한 신규직원을 뽑을 수 없다. 그러니 고참들만 많아지면서 연령구조가 점점 기형적으로 변해간다.

인사관리 분야에서 이는 매우 중요한 문제다. 예전에 어느 대기업에 인구학 강의를 갔는데, 고령화의 심각성에 관해 아무리 열심히 설명해도 '그런가 보다' 하는 표정으로 별반 감흥이 없었다. 아무래도 남의 얘기처럼 생각하는 듯하여 인사팀에 요청해 생산직을 제외한 관리사무직 임직원들의 연령분포를 뽑아달라고 했다. 자료를 보니 2013년 현재 50세 이상이 차지하는 비중이 16%였고, 대부분 임원이었다. 표면적으로는 나쁘지 않은 비율이었다.

그러나 문제는 다른 데 있었다. 50세 이하 임직원의 대부분이 40대였던 것이다. 40대도 초반이 아니라 중후반이 대부분이었다. 그나마 30대는 조금 있었지만 20대는 거의 없었다. 현재와 같은 비율로 입사하고 퇴사한다고 가정한다면, 10년 후 이 회사 임직원의 40%는 50대가 차지하게 된다는 계산이 나왔다. 50대 면 아무리 못해도 부장, 이사급일 텐데 그들의 연봉을 누가 주겠 나. 기가 막힌 신제품을 내놓든, 제품 가격을 올리든 돈을 획기 적으로 많이 벌어야 한다. 그게 아니라면 10년 안에 이들의 상 당수를 내보내야 한다.

이 이야기를 해줬더니 청중의 표정이 드디어 달라지기 시작 했다. 회사원인 이상 당장 이런 생각을 할 수밖에 없기 때문이 다. '내가 10년 후에 잘릴 가능성이 지금 우리 부장보다 더 높겠 구나!'

지금도 경기가 좋지 않아서 많은 이들이 부장 직함도 달지 못 하고 구조조정되는데, 이제는 경기가 개선되어도 고령화 때문 에 구조적으로 밀려날 이들이 많아진다는 뜻이다.

심란하기는 회사도 마찬가지다. 구조조정 과정에서 당연히 반발과 갈등이 생길 터이므로 회사 마음대로 직원을 정리할 수 없다. 지금까지 조직 내 고령화를 생각하지 않았던 기업이라면 이제부터라도 반드시 대책을 마련해야 할, 피해갈 수 없는 사안 이다. 비단 위기를 맞은 조선소나 일부 대기업뿐 아니라 우리나 라의 모든 업종, 모든 기업에서 이런 일이 동시다발적으로 일어 나고 있기 때문이다.

예컨대 여성들을 서비스직에 고용하고 있는 항공사를 생각해보라. 우리나라 항공사들이 내세우는 강력한 차별화 요인이 훌륭한 기내 서비스이고, 이를 위해 미모의 젊은 여성을 다수 기내 승무원으로 배치해온 것이 사실이다. 과거에는 여성 승무원들이 결혼해서 아이를 가지면 자의로든 타의로든 퇴사해서 신규 고용이 꾸준히 이루어졌다. 그런데 지금은 아이를 낳고 육아휴직을 한 다음 다시 회사로 돌아온다. 이들을 나이 들었다고 해고할 것인가? 그럴 수 없다. 그러나 현재의 고용을 유지하다 보면 신규 승무원을 뽑을 수 없다. 젊고 아름다운 승무원을 암암리의 차별화 요인으로 내세우던 전략도 수정할 수밖에 없다. 중년이 된 기존의 승무원들을 계속 안고 가야 하니까.

그런가 하면 한 번은 다이어트 기업에서 강의한 적이 있다. 강의를 들으러 전국에서 모인 헬스플래너들은 다이어트를 지도해주는 사람들답게 한눈에도 젊고 건강해 보였다. 나중에 물어보니 이들 모두 정직원이라 했다. 인재를 중시하는 젊은 기업다운 훌륭한 생각임에 틀림없다.

그럼에도 나는 굳이 사장에게 한번 생각해보시라고 했다. 이들이 10년 후면 30대 중후반이 되는데, 그때에는 지금보다 나이든 이들을 타깃 고객으로 할 것인가? 다이어트 산업의 주요 고객은 고등학교를 졸업하는 10대 후반부터다. 그들이 10~20년이나 나이 많은 사람에게 다이어트 관리를 받으려 할까? 만약 그렇지 않다면 플래너에 맞게 타깃 고객을 30대 중반으로 서서히 높여야 한다.

아쉽게도 내 말을 들은 사장은 아직 이런 점까지는 생각해보지 못했다고 했다. '조직의 고령화'라는 변수를 미리 고려하지 않으면 기업가의 신념에 따라 좋은 정책을 펼치고도 나중에 기업가로서 책임지지 못할 상황에 직면할 수 있다. 회사가 위험해질 수 있다는 말이다.

노동유연화이거나 일자리 유출이거나

이런 이야기를 하다 보면 자연스레 노동유연화를 도입해야 한다는 결론으로 귀결되기 십상이다. 직원들을 쉽게 정리할 수 있어야 계속 젊은 인력을 충원할 수 있으니 말이다. 최근 첨예한 대립을 빚고 있는 노동유연화도 결국 인구문제에서 기인한 것이다. 기업이야 인건비를 낮출 호재이지만, 직장인으로서는 섬뜩한 이야기가 아닐 수 없다.

2015년 안식년을 맞아 베트남 인구국에 자문을 하던 중 삼성전자 스마트폰 조립공장이 하노이 근교에 지어졌다는 소식을 접했다. 삼성 스마트폰 생산물량의 60%를 차지할 만큼 규모도 큰 공장이다. 우연한 기회에 베트남 인구국의 국장 및 간부와 함께 삼성 공장을 방문한 적 있는데, 실제로 보니 규모가 상상을 초월했다.

우리를 안내해주던 임원 말로는 삼성이 그 공장에만 12만 명을 고용했다고 했다. 주변 인력들까지 감안하면 고용창출 효과가 15만 명이나 되었다. 호치민시 근교에 있는 백색가전 공장에서는 5만 명을 고용했으니, 삼성이 베트남에서만 20만 명의 고용창출 효과를 일군 것이다. 시설을 둘러보면서 나도 괜히 뿌듯해져서 동행한 베트남 정부 사람들에게 자랑도 하며 한국인으로서 자부심을 만끽했다. 한국이 베트남 고용창출에 기여했다는 사실에 덩달아 우쭐했달까.

그러나 우쭐함도 잠시, 다시 생각해보니 너무 우울한 일이었다. 그 20만 명이 어디에서 빠져나온 것이겠는가? 아니, 빠져나오지 않았다면 어디에 생겼어야 했겠는가? 우리나라에 그 공장이 설립되었다면 20만 명의 우리 젊은 노동력 채용이 가능하지 않았을까?

갑자기 가슴이 답답해졌다. 이게 과연 좋은 일인가? 삼성 입장에서야 좋겠지만, 현재 국내에서 스마트폰 조립이 이루어지고 있는 구미 사람들에게는 결코 좋지 않은 일이다.

그러나 앞으로 이런 추세는 계속될 것이고, 그럴 수밖에 없다. 왜냐, 삼성 구미 조립공장에서 일하는 직원의 평균연령이 40대 중반이라는데, 베트남 공장의 평균연령은 20대 초반밖에 안 된다. 당연히 임금도 훨씬 낮아서 월 400달러 수준이라고 한다. 이 공장은 모든 프로세스가 자동화되었고 인간이 하는 일은 잘못된 부분을 잡아내는 것뿐이다. 가만히 지켜보고 있다가 스마트폰의 작은 오류가 눈에 띄면 얼른 집어내야 하는데, 눈 좋고 기민한 젊은 직원들이 훨씬 유리할 것은 당연하다.

한발 나아가 베트남 공장은 임금체계가 한국처럼 직급별로 짜인 것이 아니라 미국처럼 직종별로 책정해놓았기 때문에 5년을 일해도 10년을 일해도 같은 일을 하는 한 임금을 더 줄 필요가 없다. 월급 많이 받는 부서로 옮기고 싶으면 그에 필요한 프로그램을 이수하면 된다. 직원들로서는 공부해서 좋은 부서로 옮기겠다는 동기부여도 된다. 임금에 불만을 품고 떠나는 직원이 생기면? 새로운 젊은 직원이 계속 들어올 테니 걱정이 없다. 베트남의 현재 인구가 9400만이고, 중위연령이 2016년 현재 27세. 중위연령이란 나라의 전체 인구를 나이순으로 세웠을 때 중간 지점에 있는 사람의 나이를 의미하는데, 우리나라는 44세이니 베트남이 얼마나 젊은 국가인지 짐작할 수 있을 것이다. 젊은 인구가 이렇게 많으니 신규 노동력이 마를 위험이 없다.

　신규인력에만 의존하면 노하우가 축적되지 않아 생산성이 올라가지 않는다고 지적할지 모르겠다. 그러나 베트남 공장의 생산성은 이미 구미 공장의 90% 수준까지 왔고, 5년 안에 구미 공장의 생산성을 뛰어넘으리라는 예상이 나오고 있다. 이런데도 삼성 입장에서 구미에 계속 공장을 남겨둘 이유가 있을까? 한 발 더 나아가 삼성전자는 2015년에 베트남처럼 젊은 인구가 넘쳐나는 인도네시아에도 스마트폰 조립공장을 설립해 가동하고 있다.

　베트남 공장을 둘러보며 한국의 대기업이 대단하다는 생각을 하면서도 우리나라가 걱정되는 마음을 떨칠 수 없었다. 인구가 줄어드는데 젊은이들의 일자리는 없는 악순환이 이런 식으로 가속화될 터이기 때문이다.

인구가 줄면 내수시장이 축소될 수밖에 없고, 기업은 해외시장으로 갈 수밖에 없고, 결국 생산 자체도 해외에서 할 수밖에 없다. 해외인력이 저렴해서만이 아니라, 고령화로 국내 생산인력의 연령이 높아지면서 생산성이 떨어지기 때문이기도 하다. 한국기업으로서는 현재의 비용은 차치하고 미래를 염두에 둔 투자 관점에서라도 고령화되는 한국 인력에 기대느니 젊은 해외인력과 20년 동안 일하는 게 낫다는 것이다. 그뿐 아니라 앞으로 인구도 경제도 성장이 예견되는 나라에 일찍 진출함으로써 그 나라의 대표적인 기업으로 성장하고 시장을 확보하는 것은 기업으로서 당연히 취해야 하는 선택이다.

이처럼 발 빠른 기업들은 조직의 고령화를 예방하기 위해 다양한 방안을 마련해 실행 중이다. 심지어 어떤 기업들은 직원들을 빨리 승진시켜서 빨리 내보내고 젊은 인력을 뽑는 전략을 구사하기도 한다. 단기적으로는 승진으로 직원들에게 보상과 동기부여를 하고, 장기적으로는 비용을 줄이는 일거양득의 전략이라고 해야 할까. 그러나 전문적 지식과 경험이 필요한 직무에 이 방법을 사용하다 보면 조직에 미숙련 인력만 남게 되는 문제가 생긴다. 이렇듯 인구와 관련해 쉽게 결정할 수 있는 선택지는 없다. 다만 중요한 것은 균형이다. 자원, 복지, 노동 등 모든 면에서 균형을 맞추는 것이 인구정책이고, 그 정책을 만드는 것이 인구학이다. 저출산 정책을 만들려 하는 것도 결국 균형을 맞추려는 시도다.

이런 노동유연화가 언제까지 계속될까? 현재 30~40대가 맞고 있는 고용불안은 저출산 현상에서 기인했다기보다는 현재의 저성장 상황과 직접적 관련이 있다. 이는 곧 저성장이 지속되는 한 뾰족한 해결책이 없다는 뜻이다. 그렇다면 이후 세대인 저출산 세대는 또래 경쟁자가 적으니 고용불안에서 자유로울 수 있을까? 그렇다고 낙관하기 어려운 이유는 앞에서 충분히 살펴보았다.

나아가 앞으로는 취업에 성공하더라도 예전과 같은 안정된 생활을 장담할 수 없다. '고령화'의 함정이 있기 때문이다. 고령자들에 대한 사회적 부양 부담은 점점 커질 것이고, 과연 내가 얼마를 벌어야 세금을 내고 생활을 유지할 수 있을지는 여전히 만만치 않은 문제가 될 것이다. 설령 직장을 구하는 것은 상대적으로 쉬워진다 해도, 먹고 살기는 변함없이 팍팍할 것이라는 말이다.

본격적 빈익빈부익부는 은퇴 후부터

──────────────────────────────── 이번에는 직장생활 10년을 못 채우고 물러날 위험에 처한 기성세대의 문제를 짚어보자. 지금의 고령자들에게 닥친 문제는 한마디로 말하면 '빈

곤'이다. 은퇴 위협에 시달리는 모든 이들이 맞닥뜨리게 될 문제도 다르지 않다.

'은퇴' 혹은 '노후'라고 하면 우리는 으레 취미활동으로 활기차게 열어가는 '인생2막'을 그리곤 한다. 그러나 소수의 부유한 사람을 제외하고는 여유는커녕 안정적인 노후생활을 보내는 고령자들도 많지 않은 것이 현실이다. 고령자 집단 내부에서의 양극화는 매우 심각하다. 기본적으로 사회적 빈부격차가 점점 심해지고 있는 데 더해, 개인의 노후대비 전략이 이 차이를 더욱 키우기 때문이다. 단적인 예를 들어 아이들 사교육에 모든 수입을 쏟아부었느냐, 자신의 노후를 준비했느냐에 따라서도 노후생활의 질은 극적으로 달라진다.

ROI 개념으로 한번 생각해보자. 내가 아이들에게 이만큼 투자investment하면 보상return이 이만큼 있어야 한다. 최종적인 보상은 아이들이 소위 명문대를 나와서 좋은 직장을 갖는 것일 터다. 그래서 1차 목표인 대학 진학을 위해 자녀들을 힘써 지원한다.

그런데 아이들이 명문대를 나오면 뭐하나? 20~30년 전에는 '번듯한 직장'이란 결실이 있었지만, 앞으로는 아무것도 안 생길 것이다. 이미 지금도 그렇지 않은가. 그런데도 부모들은 무조건 대학에 보낸다. 그들이 그런 ROI 공식에 의해 성장했고, 다른 공식이 있으리라고 생각해본 적도 없기 때문이다. 만일 우리가 과거의 공식에 얽매이지 않고 미래를 기반으로 판단한다면 지금처럼 사교육에 의존할 이유는 없을 것이다. 아이가 정말 학문에 뜻이 있다거나 유달리 공부를 잘한다면 모를까, 사교육으로 억지로 성적을 올려서 대학에 갈 이유는 없다는 것이다. 그러느라 부모가 노후에 쓸 가처분소득이 사라지면 부모의 은퇴 후 생활은 어떻게 꾸려갈 것인가. 부모 세대들이 마음속에서 떨치지 못하는 가장 큰 두려움은 이것이다.

어찌 보면 자녀교육에 모든 자원을 집중하는 것은 우리의 전통적 사고체계가 작동한 결과인지도 모른다. 부모 덕분에 좋은 대학 나와서 성공했으니 마땅히 자식이 부모를 잘 봉양하리라는 사고체계 말이다.

그렇게만 되면 얼마나 좋겠는가. 그러나 우리 사회는 더 이상 그렇게 움직이지 않는다. 아이에 대한 양육과 투자는 여전히 가족 즉 부모의 의무로 남아 있지만, 노후세대에 대한 부양은 가족이 아니라 사회의 몫으로 이미 넘어왔다. 즉 자식들이 직접 부모를 봉양하는 것이 아니라 국가에 세금을 냄으로써 고령자들을 부양하게 되는 것이다. 물론 부모봉양이 자식의 도리라는 기존의 가치관이 아예 사라진 것은 아니다. 이처럼 제도와 인식의 차이가 생기면서 개인과 국가의 손익계산도 복잡해진다.

여러분의 자녀가 성공해서 1억 연봉자가 되었다고 해보자. 지금은 약 20%인 2000만 원을 세금으로 내지만 앞으로 고령화 및 고령자에 대한 사회 서비스 재원을 마련하기 위해 세금 누진율이 올라갈 가능성이 크므로 40%를 낸다고 가정해보자(실제로 이렇게 될 가능성이 매우 크다). 1억 중 4000만 원을 세금으로 낸다. 그 돈이 부모에게 다 돌아갈까? 천만의 말씀이다. 부모에게는 잘해봐야 5분의 1쯤 돌아갈까?

자식으로서는 뭔가 손해 본 느낌이다. 그럴 바에야 세금 안 내고 차라리 그 돈을 직접 부모에게 드리고 말지. 그러면 부모님도 여유롭게 사시고 나도 뿌듯할 것 아닌가. 나도 좋고 부모님도 좋고, 이런 식으로 세금회피가 일어날 가능성이 커진다. 고령자의 사회적 부양에 대한 입장 차이가 이처럼 계속된다면 국가가 원하는 증세를 이루기는 어려워진다. 증세가 여의치 않으면 고령자들에 대한 사회적 서비스도 개선될 수 없다.

고령화 시대의 노후대비는 사회적 사안이므로 정부 및 공동체 차원의 대책이 나와야 한다. 그러나 한편으로 개개인 또한 반드시 자체적인 방안을 마련해두어야 한다. 집단에만 맡겨두기에는 자신의 인생에 너무 중요한 문제이기 때문이다. 단적으로 말하면, 너무 아이들에게만 헌신하지 말고 미래를 보고 개인의 생존전략을 짜야 한다는 말이다.

많지 않은 저축으로 국내에서 노후를 보내기가 여의치 않다면 우리나라보다 생활비가 적게 드는 해외에서 생존할 방안을 국가에 요구해서라도 찾아야 한다. 마치 기업들이 해외 포트폴리오를 만들어가는 것처럼 말이다.

나는 베트남 인구국의 초청 덕분에 베트남에 가서 1년을 살고 지인을 사귈 기회를 얻었다. 결심만 한다면 노후를 베트남에서 보내는 것도 가능할 것 같다. 1년 전만 해도 이런 생각을 하지 못했을 것이다. 베트남 언어를 아나, 아는 사람이 있나. 이럴 때 정부가 일정 자금이 있는 이들은 해외에서 생활할 수 있도록 국가 간 채널을 만들고, 그 채널을 통해 일반인이 갈 수 있도록 하면 큰 도움이 될 것이다. 이런 채널을 개인이 만들기는 너무 어렵다. 돈이든 지인이든 뭐라도 있는 사람만이 만들 수 있기 때문이다.

이처럼 장기적 계획 없이는 아무리 열심히 일해도 자산 없는 상태로 고령자가 되고, 자신에게 투자하고 루트를 만들어둔 사람은 국내가 아니면 해외에 나가서라도 살 수 있다. 자산의 차이뿐 아니라 대비의 차이에 따라서도 노후생활의 격차는 더 벌어지게 될 것이다.

개인이든 국가든, 수입은 줄고 지출은 늘고

앞서 말했듯이 고령자의 빈곤 문제를 사회적으로 해결할 방안은 세금을 걷어 고령자를 부양하는 것이다. 지금 우리 사회에 고령화와 관련한 논란이 많은데, 그 핵심은 고령자에 대한 사회적 부양과 연관돼 있다.

이를 설명하는 인구학 이론으로 '부의 이전 이론Wealth Flow Theory'이 있다. 저명한 호주의 인구학자 존 콜드웰John Caldwell은

출산율이 떨어지거나 올라가는 것은 부의 이전 때문이라고 설명했다.

생각해보자. 예전에 농경사회에서 왜 아이를 많이 낳았을까? 아이들이 농사 짓는 노동력이 될 수 있고, 내가 늙으면 그들이 나를 부양해줄 것이기 때문이다. 이처럼 부는 언제나 아래에서 위로 올라온다는 것이 부의 이전 이론의 골자다. 부모가 자녀에게 해주는 것보다 자녀가 부모에게 해주는 것이 더 크다. 생각해보면 부모는 자녀를 길어봐야 20년 남짓 키우면 끝이다. 그다음부터는 자녀가 부모를 부양한다. 그러므로 부모는 자식을 많이 낳는 것이 언제나 더 이득이었다. 부유한 가정에서 자녀를 덜 낳는 이유도 이런 맥락에서 생각해볼 수 있다. 자녀가 훗날 나를 먹여 살려야 할 필요가 없으니 굳이 많이 낳지 않는 것이다.

그러다 산업화사회가 되면서 이 흐름이 역전됐다. 아이 키우는 비용이 갑자기 올라간 것이다. 그러니 자연스럽게 아이를 적게 낳게 된다. 이처럼 산업화사회에는 부가 윗세대에서 아래세대로 내려오는 경향이 있다. 다만 한국은 산업화사회임에도 자식이 부모를 부양하는 문화가 남아 있었기에 부가 양방향으로 흘렀다.

1983년에 우리나라의 합계출산율이 2명이 되었을 때 가족계획을 중단해야 하는지에 대한 논의가 한 차례 있었는데, 결국 중단하지 않기로 했다. 그때만 해도 고령화에 대한 개념이 없어서 60세 이상은 곧 사망할 사람으로 인식했던 데다, 남아 있는 노인은 자식이 모시면 된다는 생각이 당연시되었기 때문이다. 그러니 아이만 덜 태어나면 인구가 조절될 것이란 생각에 마음 놓고(?) 아이를 적게 낳는 모험을 감행할 수 있었던 것이다.

그러나 지금은 부의 세대 간 이전을 가정에 한정하지 않고 사회적 차원에서 바라보아야 한다. 사회보장제도가 생기면서 가족이 담당했던 기능 중 상당수가 사회로 옮아갔기 때문이다. 그러면서 부 또한 위에서 아래로 내려오던 것이 다시 아래에서 위로 흐르게 되었다. 바로 '세금'이라는 형태를 통해서 말이다.

그런데 기대수명이 올라가면서 인구 피라미드가 T자 형태로 바뀌고 있다. 예전에는 한 번도 생각하지 못했던 구조다. 부의 이전이 아래에서 위로 가는데, 노인 인구는 너무 많고 젊은 층은 너무 적어서 이전될 부가 없어질 지경이 되고 있다. 우리나라뿐 아니라 세계 여러 나라에서 겪고 있는 현상이다.

이 문제를 상징하는 이슈가 국민연금이다. 국민연금은 지금도 말이 많다. 적어도 국민연금이 자신의 안락한 노후를 보장해줄 것이라 믿는 국민은 많지 않은 듯하다.

나는 직업이 교수인지라 국민연금 대신 사립학교연금에 가입해 있다. 국민연금 제도 안에는 이런 식으로 직종에 따라 경찰연금, 군인연금, 공무원연금 등이 있다. 서울대학교도 2012년 법인화되기 전까지는 공무원연금 제도 하에 있었다.

예전에는 의료보험도 공무원, 사립학교 교직원, 농어촌지역,

도시 자영업자 등으로 구분돼 있다가 1998년에 건강보험으로 통합됐다. 개별적으로 나뉘어 있으니 관리가 힘들기도 하거니와 형평성이 맞지 않을 위험이 있어서였다. 똑같은 보험료를 내는데 누구는 이만 한 서비스를 받고 누구는 그러지 못하면 안 되기 때문이다.

반면 국민연금은 자신이 낸 금액의 크기만큼 돌려받게 돼 있으니 건강보험과는 성격이 다르다. 나아가 전체 자산운용 면에서도 국민연금은 기본적으로 들어온 금액만큼 지출한다는 페이고 원칙pay as you go에 의해 움직이는 시스템이다.

페이고 원칙이 제대로 작동되려면 제도를 시행할 때 재정이 얼마나 소요될지, 그에 따른 재원은 어떻게 마련할지를 미리 구체적으로 계획해야 한다. 바로 이 지점에 현행 국민연금제도의 맹점이 있다. 국민연금이란 내가 지금 내는 돈을 미래에 내가 돌려받는 게 아니라 현재의 노령자가 받는 구조인데, 인구가 고령화되고 있지 않은가. 연금을 받는 사람보다 기여하는 사람이 많을 때에는 연금제도가 매우 안정적이다. 반면 지금처럼 인구가 고령화되면서 전체 국민 중 연금을 받아야 할 사람과 내줄 사람의 숫자가 갑자기 역전되면 연금이 유지될 가능성은 급격히 낮아진다.

그 시작이 바로 내가 들어 있는 사학연금이다. 사학연금이 주요 노후대책인 나로서는 예삿일이 아니다. 유치원부터 대학까지 전국의 사립학교에 있는 교사와 교직원들이 매달 사학연금에 납입하는데, 전체 불입액의 52%가 대학에 근무하는 사람들로부터 나온다. 만약 사립대학의 교수와 직원이 대학에서 근무하지 않게 되면 국민연금 등 다른 형태의 연금으로 옮겨가면서 사학연금에 더 이상 불입하지 않게 된다. 그렇더라도 기존의 사학연금 기여분이 있으니 이들이 은퇴해 연금을 수령할 때에는 국민연금뿐 아니라 사학연금에서도 연금을 받게 된다. 그런데 앞서 말한 대로 미래에 대학의 수가 줄거나 다운사이징을 통해 교수와 교직원을 줄인다면 어떻게 될까? 당장 들어오는 돈은 줄어드는데 받아갈 은퇴자들은 그대로이니 재정에 문제가 생긴다.

혹자는 어차피 기여분에 따라 연금을 수령하기 때문에 문제될 것 없다고 생각할 수도 있다. 그러나 모든 연금은 연금 가입자의 기여분만으로 운영되는 것이 아니며 이를 기반으로 운용되는 자산수입이 중요하다는 사실을 간과해서는 안 된다. 가입자가 줄어든다는 것은 운용 가능한 자금의 규모가 줄어드는 것이므로 자산수입도 줄어들 것이다. 그러므로 연금 기여자의 축소를 단순하게 기여분과 급여분의 비율로만 생각할 수 없다.

저출산으로 젊은이들이 적어져서 대학이 어려워지고, 고령화로 연금 수령자들은 많아지는 현상이 사학연금에 미칠 파괴적 영향이다. 이런 사태가 빠르면 2023년, 늦어도 2030년 안에 일어날 것이다.

사학연금에만 위기가 오겠는가? 궁극적으로 사학연금은 국민연금으로 통합될 것이고, 그에 따른 연쇄작용이 줄줄이 일어날 것이다. 통합된다는 말은 곧 사학연금이 지급해야 할 비용을 국민연금에서 가져온다는 뜻이기 때문이다.

교사들이 박봉을 감수하는 이유 중 하나가 연금 때문인데, 연금을 못 받게 되는 사태가 얼마 남지 않았다. 내 경우를 예로 들자면, 나는 비교적 일찍 연금을 납입하기 시작한 데다 불입할 수 있는 최고 한도를 넣고 있기 때문에, 만약 오늘 내가 65세가 되어 은퇴한다면 매달 받는 돈이 제법 된다. 아이들도 다 독립했을 테니 지방의 사립대학 교수인 아내가 받는 연금까지 합치면 지금보다 더 여유롭게 살지도 모른다. 현재 시세로 판단하면 우리 부부의 노후는 비교적 그럴듯하다. 하지만 사학연금이 지금의 추세대로 간다면 실제로 내가 65세가 되었을 때 받는 연금 급여는 절반 정도로 깎일 것이다. 아내의 연금도 반 토막이 날 텐데, 그나마 재직하는 학교가 없어지지 않고 존속해 무사히 정년을 맞이했을 때의 이야기다.

원래 받을 것이라 기대했던 돈의 반도 못 받게 되면 과연 우리 부부의 안정적인 노후생활이 가능할까? 우리 부부가 힘든 노년을 보내면 아이들도 마음이 불편할 수밖에 없다. 그리고 이런 의문이 생길 것이다. '내가 국민연금을 내면 부모님이라도 많이 받아야 하는데, 나는 많이 내는데 왜 부모님은 조금밖에 못 받지?'

누구나 세금을 많이 내면 그 돈이 순환돼 자신이나 부모, 자녀에게 마땅히 혜택이 돌아와야 한다는 생각을 한다. 혜택이 돌아오지 않을 바에는 세금 조금 내고 부모에게 용돈을 많이 드리겠다고 할 수도 있다. 이렇게 되면 국가의 연금제도에 균열이 생길 수 있다.

이런 가능성이 실제로 낮지 않다. 자녀가 없는 1~2인 가구는 세금과 관련해 나라에서 받을 수 있는 혜택이 거의 없다. 이런 가구가 늘어나고 있으니 조세저항이 커지는 것은 당연하다. 이미 실질적인 '싱글세'를 내고 있다며 세제에 대한 비혼자들의 불만이 커지고 있지 않은가. 그나마 지금은 비혼자들이 많지 않지만 2020년쯤 되면 일본이 2010년에 이미 경험한 것처럼 우리나라 남성의 20%, 여성의 10%가 평생 혼자 살 것이다. 이 많은 사람들이 싱글세를 가만히 앉아서 감수하겠느냐는 것이다.

국가적 난제인 저출산 문제를 해결하려면 태어난 아이들을 돈 걱정 없이 키울 수 있도록 지원해야 하고, 이를 위해서는 내가 낳지 않은 다른 집 아이들에게도 당연히 자원을 투자해야 한다. 하지만 우리나라는 아직 이에 대한 사회적 동의가 이루어지지 않은 단계여서 조세저항이 더 심각하다. 종종 스웨덴 같은 나라는 선진국인데도 아이를 많이 낳는다며 이유를 궁금해하는데, 그들은 복지에 대한 사회적 토양이 깊고 출산에서 사망까지 모든 것이 사회적 복지라는 개념 아래 있기 때문에 가능한 일이다. 게다가 스웨덴은 우리가 곧 처하게 될 T자형 인구구조를 경험해본 적이 없어 세대 간 부의 이전에 대한 부담도 없다.

물론 정부가 다양한 자구책을 내놓을 터이므로 세간의 우려처럼 연금제도 자체가 붕괴되지는 않을 것이다. 그렇더라도 연금 수령의 계획 및 시기가 조정될 것임은 어렵지 않게 예상할 수 있다. 그리고 연금제도의 변경은 궁극적으로 우리나라 복지제도의 변화를 의미한다. 연금은 고령인구의 중요한 경제적 자원이며, 고령인구야말로 현행 복지제도의 가장 큰 수혜자이기 때문이다.

재원이 부족해서 사회적 복지에 차질이 생기면 과거처럼 가족복지로 회귀해야 할 수도 있다. 하긴, 국가 입장에서는 옛날처럼 가족들끼리 알아서 하라고 두는 것이 저출산 시대의 속 편한 해법인지도 모른다. 미래에 나를 부양해줄 아이가 많은 것이 내게 유리하므로 아이를 더 낳게 될 수도 있지 않은가. 만약 노인 부양의 책임을 가족 단위에 넘기고, 대신 아이를 국가가 키워준다면 더 좋을 것이다. 자녀 양육은 사회의 도움을 받아 한결 쉬워지고, 나중에 자녀들이 커서 나를 돌봐준다면 정말 부담 없이 (?) 아이를 낳게 되지 않을까? 현행 제도는 이와 정반대다. 자녀 양육은 개인이 하고, 노인 부양은 국가가 한다.

이처럼 저출산은 전반적인 경제규모, 생산성, 노동시장은 물론 연금제도와 복지제도에까지 매우 큰 영향을 미치게 될 것이 분명하다. 그런데 이 영향력이 긍정적이기보다는 부정적으로 작용하게 될 가능성이 매우 크고, 이는 조세제도의 변화를 야기하게 될 것이다. 전반적인 경제규모의 축소는 조세 수입의 감소를 의미한다. 반면 인구 고령화는 지출의 확대를 의미한다. 만일 연금제도 등의 개혁을 통해 지출의 총량에 큰 변화가 없도록 막을 수 있다면 모를까, 그렇지 않다면 궁극적으로 세수입의 확대를 꾀할 수밖에 없고, 이는 조세제도의 개혁으로 연결될 가능성이 크다.

아직 전통 관습이 살아 있는 베트남에서는 한국에서 보기 힘든 부고장訃告狀을 하노이 같은 대도시에서도 종종 볼 수 있다. 그런데 최근 붙은 부고장을 살펴보면 거의 대부분 1930년대에 태어난 어르신들이다. 여든 가까이 살다 가신다는 의미다. 실제로 이 나라의 평균수명은 75세나 되고 이미 고령화가 시작되었다. 끔찍한 전쟁도 겪었고, 아직 우리나라처럼 잘살지도 못하고, 의료 서비스도 좋지 않은데 어떻게 75세까지 살까?

가만히 생각해보았더니 가족복지가 엄청나게 좋아서인 것 같다. 지금도 많은 노인들이 자녀들과 살며 극진한 봉양을 받는다. 대신 이분들이 손주를 같이 돌본다. 아이 키우는 것도 가족복지로 충당된다는 뜻이다. 가족이 끈끈한 공동체로 묶여 있는 덕분에 국가에서 복지비용을 많이 쓰지 않아도 사회가 큰 불만 없이 유지되고 있다.

아직 사회복지 토양이 탄탄하지 않은 우리의 현실을 감안하면, 너무 사회적 복지만 고집하지 말고 가족복지를 통해 보완하는 방안도 진지하게 생각해볼 가치가 있을 듯하다. 베트남을 보면서 문득 드는 생각이다.

100세 노인은 장수마을에 살지 않는다

베트남 가정에서 보듯이, 예전에는 가족이 해야 할 고유의 기능이 있었다. 그런데 이 기능들이 점점 없어지고 있다. 내가 생각하기에 가족의 해체가 미칠 가장 심각한 파장은 물론 재생산이지만, 그에 못지않게 건강관리도 큰 문제다. 어찌 보면 연금보다 더 심각한 사회문제가 고령자의 건강관리다. 현재 1~2인 가구가 급증하고 있으며, 그중 절반 이상이 노인 가구다. 그리고 많은 연구에서 밝혀진 대로 혼자 사는 사람일수록 건강이 좋지 않다. 같은 연령대의 사람들을 비교해보면, 매일 지지고 볶고 싸우더라도 결혼해서 배우자가 있는 사람이 혼자 사는 사람보다 건강하다. 가족만이 줄 수 있는 정서적 안정감은 개인의 건강에 무시못할 영향을 미치기 때문이다.

그런데 혼자 사는 사람이 많아지면 누가 이 기능을 맡을 것인가? 가족에 기댈 수 없으니 국가가 해야 한다. 그만큼 국가의 의료비용이 올라가며, 그에 따라 당연히 건강보험료도 더 내야 하고 세금도 늘어난다. 특히 독거노인이 많아질수록 고령자들의 의료비가 급등할 수밖에 없는데, 이에 대해 아직은 이렇다 할 국가의 대책이 없다.

개인도 마찬가지다. 국가가 전략이 없으면 개인이라도 내 건강을 어떻게 지킬지 대책을 세워야 하는데, 지금 건강하니까 영원히 건강할 거라 생각한다. 그러나 건강은 누적되는 것임을 잊지 말아야 한다. 10년 뒤 내 건강이 어떨지는 지금 내가 어떻게 사는지, 즉 라이프스타일이 결정한다. 의사와 가족들이 줄기차게 담배 피우지 말라, 술 마시지 말라고 잔소리하는 이유다.

최근에는 의료기술의 발달 때문에 오히려 건강을 해치는 역기능이 나타나기도 한다. 지금으로부터 30여 년 전, 1987년에 로저스Richard Rogers와 하켄버그Robert Hackenberg라는 학자는 사람들의 자만심이 사망을 촉진하는 경향이 있다고 발표했다.[7] 한마디로 웬만한 병은 병원에서 다 고칠 수 있다고 과신한 나머지 막살다가 변을 당한다는 것이다. 담배가 건강에 해로운 줄 누구나 알고 술 나쁜 줄 다 알아도 '그게 뭐? 고치면 되지'라고 하지 않는가? 나는 10여 년 전에 라식수술을 했는데, 라식수술의 예후를 알 수 있는 노인인구가 아직 없던 때였다. 이럴 경우 이성적으로 판단하면 수술하지 말았어야 한다. 그러나 의사는 '나중에 문제가 생긴다 해도 그때쯤이면 그거 하나 못 고치겠냐'는 반응이었고, 나도 그렇게 생각했다. 이것이 건강에 대한 일종의 자만심이다. 그리고 실제로 이런 자만심 때문에 사람들이 사망에 이르기도 한다.

장수의 비결은 사회마다 다르다

고령화에 대해 말할 때 종종 쓰이는 단어로 '수명lifespan'과 '장수longevity'가 있다. 얼핏 보기에 비슷한 개념 같지만 전자는 생물학적으로 정해진 수명이 얼마인가 하는 것이고, 후자는 사회적 차원에서의 평균수명을 말한다. 인구학에서는 후자를 바탕으로 출생 시의 기대수명life expectancy을 측정한다. 우리가 흔히 말하는 기대수명, 평균수명의 개념이 이것이다.

평균수명은 사회적 요소와 생물학적 요소에 의해 결정되는데, 오늘날에는 사회적 요소가 중요해지고 있다. 사회적 요소 가운데 최근에 주목받는 것이 '지역'이다. 박원순 서울시장이 당선되자마자 추진했던 사업이 공동체 만들기 프로젝트였다. 이웃을 만드는 것이다. 안타깝게도 이 프로젝트의 성공사례는 거의 찾기 힘들지만, 공동체가 왜 중요한지는 앞에서 예로 든 베트남을 보면 알 수 있다. 이들은 가족뿐 아니라 동네 이웃사촌 간에도 끈끈한 정이 있는데, 이것이 사람들이 살아가는 데 영향을 미친다. 우리 사회에서는 상당 부분 사라진 것들이다.

내가 가르치는 보건인구학에서 최근에 가장 주목하는 주제는 '건강 불평등'이다. 많은 이들의 생명과 건강을 앗아갔던 '가습기 살균제' 사건은 사용자 개개인의 비극이기도 하지만 전체적으로 보면 편중의 문제다. 일단 어른보다 아이가 더 큰 피해를 입었다. 아이 중에서도 어떤 집의 아이들이 그렇게 됐는지를 따져볼 수도 있다. 이처럼 건강에서는 불평등 이슈가 존재하며, 사회적으로도 점차 중요하게 부각되는 추세다.

하다못해 서울시 안에서도 서초구에 거주하는 남성은 다른 구에 사는 남성보다 최대 5년까지 더 사는 것으로 나타났다. 하도 차이가 커서 왜 그렇게 격차가 생겼는지 연구해보았다.[8]

일단 서초구는 서울시에서 생활녹지 비율이 가장 높다. 이것은 공기 좋은 곳에서 더 건강하게 생활할 것이라는 맥락적 효과를 발휘한다. 여기에 더 흥미로운 맥락적 효과가 있는데, 강남구보다 오래 사는 이유가 그것이다. 소득수준이 높은 사람이 더 오래 살리라는 것은 예상 가능하다. 그렇다면 똑같이 잘사는 강남구는 왜 서초구보다 기대수명이 낮은가?

강남구는 '목적이 있는' 사람들이 많이 산다. 집값 또는 학군 때문에 이사 온 사람들이 많은데, 이들은 목적을 달성하고 나면 강남을 떠난다. 반면 서초구는 대대로 그곳에 살던 이들이 많아서 매우 안정적이다. 이동률도 낮고 노인 인구도 많다. 자신이 오래 속해 있던 공동체가 여전히 존재한다는 것이 사람들의 삶에 큰 안정성을 준다. 이것이 서초구의 이른바 '맥락적 효과'다.

여기에 구성적 효과도 거든다. 어떤 이들이 서초구에 사는가? 전국의 200여 개 지자체 중 소위 파워엘리트, 즉 법조인, 언론인, 교수, 의사, 군장성, 은행 지점장 등이 가장 많이 사는 지역이 서초구다. 심지어 65세 이상 노인 중 대졸자 이상의 비율은 전국적으로 5%가 안 되는데, 서초구는 무려 45%다. 전 세계를 통틀어도 찾아보기 어려운, 말이 안 되는 예외적 사례다. 이런 요인들이 모두 모여 서초구를 한국 최고의 장수마을로 만들었다.

이 좁은 땅덩이 안에서도, 심지어 한국에서 가장 많은 혜택이 몰려 있는 서울 안에서도 이런 불평등이 나타난다. 그렇다면 서초구에 오면 누구나 오래 살게 될까? 온다고 바뀔까 싶지만, 일단 오고 싶다고 마음대로 올 수 있는 게 아님을 우리는 모두 안다. 이런 현실을 반영하듯, 외환위기 이후 우리나라 안에서도 잘사는 사람과 못사는 사람 간의 기대수명 차이가 점점 더 벌어지고 있다.

이처럼 사망은 단순히 생물학적 요소만이 아니라 사회적, 경제적 인프라와 라이프스타일이 모두 영향을 미치는 총체적인 사건이다. 잘사는 나라가 못사는 나라보다 기대수명이 높은 이유가 이 때문이다.

사람이 죽는 이유는 다양하다. 일반적인 질병이나 사고뿐 아니라 살인, 자살 등으로도 죽는다. 우리나라의 사망원인 중 사고의 비율이 꾸준히 줄고 있는데, 상당 부분은 사고에 대한 사회적 경각심이 높아진 덕분이다. 살인에 의한 사망률은 국가는 물론이요, 성별이나 인종에 따라 차이가 있다. 2000년대 중반까지 20~30대 미국 흑인의 사망원인 1위는 에이즈였는데 지금은 살인으로 바뀌었다. 사람이 죽는 가장 큰 이유가 살인이라는 것 자체가 말이 안 되는 일이지만.

우리나라에서는 다른 측면에서 말이 안 되는 일이 벌어지고 있다. 10만 명 중 28명, 30분에 1명꼴로 자살하고 있으니 말이다. 전체 사망에서 자살이 차지하는 비중이 5%가 넘는다. 일본도 우리나라만큼 자살률이 높지만, 양상에서 차이가 있다. 일본에서 가장 많이 자살하는 연령대는 중년인 반면, 우리나라는

2000년 이후 노인의 자살률이 급증했다가 최근에는 20대에서 늘고 있다.

이 밖에도 불량한 생활습관, 안전불감증, 사회제도의 취약점 등 다양한 요인으로 사람들이 사망한다. 그럼에도 젊어서 사망할 확률은 세계적으로 낮아지는 추세다. 건강하게 오래 살고 싶다는 인류의 공통된 꿈이 이루어진 것일까? 유감스럽게도 그렇지는 않다. 이를 보여주는 재미있는 데이터가 있다. 바로 '100세인'이다.

병상에서 맞이하는 100세 시대

오늘날을 흔히 '100세 시대'라 하는데, 실제로 100세를 사는 사람들이 얼마나 될까? 우리나라 통계청은 100세인을 전수조사한다. 인구센서스에서 100세라고 응답한 사람이 있으면 직접 그 어르신을 찾아가서 정말 100세가 맞는지 일일이 확인한다는 것이다. 그러니 100세인 숫자는 진짜다. (나의 개인적 의견이지만 우리나라 통계청은 전 세계 어느 나라의 통계청보다 정확하고 정교한 통계를 생산해낸다.)

자, 이 숫자를 보자. 2000년에 100세인은 934명, 2005년에는 961명이었다. 그러다 2010년에는 1836명, 그리고 2015년에는 3159명으로 그래프 곡선이 드라마틱하게 상승했다. 이제 예측을 해보자. 2020년의 100세인은 몇 명이나 될까? 정확한 것은 조사결과가 나와봐야 알지만, 가늠은 할 수 있다. 2020년에 100

세인이 될 수 있는 사람들, 즉 2015년 조사 당시 95~99세 노인들의 인구가 얼마인지 보면 된다. 2015년 기준 95~99세 인구는 2만 5000명으로 조사되었다. 그중에서 상당수가 사망한다 해도 100세인 인구는 2015년보다 훨씬 많아질 것이다.

100세를 산다? 좋은 일이다. 나도 아버지가 백 살까지 사셨으면 좋겠다. 그런데 흥미로운 지점은, 2000년대와 2010년 이후 100세인의 거주지가 다르다는 것이다. 2000년과 2005년의 100세인들은 전라도 순창 같은 장수마을에 살았다. 장수마을에 산다는 것은 자신의 집에 산다는 것이고, 가족과 함께 산다는 뜻이다. 그리고 대부분 큰 병 없이 정정해서, 통계청 직원에게 '내가 백 살'이라고 스스로 답하는 노인이 대다수였다.

그런데 2010년과 2015년의 100세인은 65%가 도시 지역에 살고, 43%가 수도권 거주자다. 이들은 가족과 살지 않았다. 그럼 어디에 있었겠는가? 맞다, 요양원이다. 2015년의 100세 이상 고령자 가운데 43%가 노인 요양원과 요양병원 등 시설에 머물고 있었다. 상당수는 아파서 병상에 누워 있느라 본인이 자신의 나이를 확인해주지 못하는 상태였다.

이 말은 무슨 뜻일까? 2000년대였으면 사망했을 분들이 의료기술의 발달로 연명치료를 받고 있다는 의미다. 가족의 따뜻한 보살핌이 이들의 생명을 연장시킨 게 결코 아니다. 이것이 축복일까, 재앙일까? 개인에게는 축복일 수 있지만, 국가 차원에서는 쉽게 답하기 어려운 문제다. 발달된 의료기술이 생명을 연장한 대신 높아진 의료비로 젊은이들을 힘들게 하고 있다는 이야기가 되기 때문이다. 그들이 건강보험료를 내야 하므로.

이처럼 고령화 현상에서 간과하지 말아야 할 현상은 모든 병이 만성질환화된다는 것이다. 수명은 길어지는데 건강은 오히려 나빠지고 있다. 우리나라의 건강기대수명이 남자는 65.2세, 여자는 66.7세. 이 말은 곧 60대 중반까지는 그럭저럭 건강하게 지내다가 그 이후부터 만성질환에 평생 시달린다는 것이다. 현재 한국인이 평균 82세를 살고 있으니, 15년 넘게 이런저런 질병을 안고 산다는 말이 된다.

개인에게는 죽을 때까지 앓아야 하니 고통스럽고, 국가에는 재정적으로 큰 부담이 된다. 물론 개인에게도 경제적 부담이 크다는 것은 말할 필요도 없다. 내가 농담처럼 하는 말이 있다. 오늘날의 저출산·고령화 사회에서 남성과 여성 중 진정한 애국자는 남성이라고. 물론 ('출산이 애국'이라는 표현 자체가 말이 안 되지만 그래도 이 표현을 빌리자면) 여성은 출산을 하니 애국자다. 그 대신 남성은 여성처럼 건강관리에 철저하지 않다. 아파도 병원에 안 가고, 병원에 갔을 때는 이미 치료시기를 놓쳐 얼마 못 가 죽는다. 그러니 사회적 의료비용을 별로 쓰지 않는다. 국가 재정에 부담을 덜 주니 애국자 아닌가.

농담으로 한 말이지만, 현실은 결코 웃어넘길 상황이 아니다. 특히 보험업계에서 들으면 깜짝 놀랄 이야기다.

보험회사로서는 보험료는 많이 걷고 보험금은 적게 쓰고, 그것도 가급적 짧은 기간에 지급하고 끝내야 이익이다. 그런데 그동안 효자 노릇을 했던 건강특약이 발목을 잡게 생겼다. 이제는 오랜 기간 건강관련 보험금을 지급해야 하는 노인들이 기하급수적으로 늘어나고 있으니, 보험사로서는 수지타산이 맞지 않는다. 노인에게 보험금을 지급하려면 젊은 사람들이 보험을 많이 가입해야 하는데, 젊은 사람의 보험 가입률은 오히려 빠르게 줄고 있다. 당장 생활비도 빠듯한 이들에게 보험은 사치재가 되어버렸기 때문이다.

　보건학을 하는 이들의 궁극적 목표는 생존율 그래프를 직사각형 모양으로 만드는 것이다. 가로축이 연령이고 세로축이 생존율인 그래프를 상상해보라. 일단 태어나면 그 순간의 생존율은 1이다. 그러다 나이가 들면서 생존율이 낮아질 텐데, 보건학자들의 목표는 어떻게든 생존율을 떨어뜨리지 않고 나이가 들어도 1을 유지하게 하는 것이다. 그러다 노년의 어느 시점이 되면 한 날 태어난 이들이 함께 삶을 마감하는 것이다. 그렇게만된다면 늙고 병드는 고통이 상당 부분 줄어들지 않겠는가.

　물론 꿈같은 말이다. 현실은 그렇게 될 수 없다. 사람들은 오랜 시간 다양한 질병을 안고 살아갈 것이고, 개인과 사회의 질병 부담은 우리가 생각하는 것 이상으로 급증할 것이다. 이는 단순히 고령화로 노인이 많아졌기 때문만이 아니다. 앞에 말한 것처럼 가족의 건강관리 기능이 더 이상 작동하지 않고 고스란히 사회가 담당하게 되었기 때문이다.

실제로 저출산과 비혼 추세 때문에 야기된 사회적 비용 중 가장 큰 것이 의료비다. 가족이 해주던 기능을 더 이상 가족이 못 하니 사회가 부담할 수밖에 없는데, 우리 사회는 아직 그에 대한 준비가 되어 있지 않다. 지금 혼자 사는 사람들이 노인이 되었을 때 어떻게 돌볼 것인가에 대한 대책도 마련되지 않았다. 최근에는 신체의 건강뿐 아니라 알츠하이머나 우울증 등 정신적 건강도 중요하게 다루어지고 있다. 사람들의 정신건강이 나빠지지 않도록 관련 프로그램을 만들어주든지 사람들 사이의 교류를 늘려주든지 하는 정책이 마련되어야 하는데, 그런 게 없다.

애초에 '100세 시대'라는 말은 일종의 수사修辭로 사용되었다. 그런데 불과 10년도 안 되어 실제로 100세 시대가 되었다. 100세인의 증가추세는 앞으로도 계속될 것이다. 그렇다면 어떻게 해야 할 것인가? 이 많은 고령인구가 병원에 누워 지내게 된다면, 그에 대한 대책이 국가적으로도 개인적으로도 있어야 하지 않을까? 통계청이 추계한 미래의 기대수명을 토대로 추산해보니 나는 못해도 90세까지는 살 것 같은데, 그렇다면 나도 그에 맞는 대책을 세워야 한다. 질병관리 비용을 국가의 건강보험으로 감당하기 어려워진다면 내 돈으로 사보험이라도 많이 들어놔야 할까?

국가적으로는 적정 가격의 건강증진 및 관리와 관련된 산업을 지원해야 한다. 고령화된다는 것은 곧 의료비를 그만큼 많이 쓴다는 뜻이다. 의료비를 적게 쓰려면 하루라도 늦게 아파야 하고, 그러려면 국민들이 평소 건강관리를 해야 한다.

현재 정부가 건강관리에 쓰는 지출 가운데 가장 큰 부분은 건강보험이고 나머지는 일상의 건강관리 프로그램인데, 이것만으로는 부족하다. 특히 정부가 신경 써서 보아야 할 것이 모바일 디바이스다. 산업 영역에서는 이미 모바일헬스mHealth 등 모바일 디바이스를 통한 아이템이 많이 개발돼 있으며, 모바일 기반 건강관리 프로그램을 사용한 사람과 그렇지 않은 사람 간의 건강관리 차이를 밝혀내려 하는 중이다.

만약 산업계의 주장대로 모바일 디바이스가 건강관리에 큰 역할을 한다면, 국가의 건강보험 안에 포함시키는 방안도 추진해야 할 것이다. 아직은 모바일 디바이스의 가격이 만만치 않고 더 좋은 기능이 들어갈수록 가격은 더욱 높아질 것인데, 이 구매를 개인의 선택으로 남겨두면 그것을 사서 활용할 수 있는 사람과 그렇지 못한 사람들 사이의 건강 차이는 더욱 커질 수밖에 없기 때문이다. 그러려면 이와 관련된 각종 건강제도 및 산업들이 변화될 수밖에 없으니 정부도 이를 보고만 있지 말고 적극적으로 키우고 선제적으로 대비해야 한다.

기업의 전략도 바뀌어야 한다. 일전에 어느 보험사 경영자와 식사를 한 적이 있는데, 인구에 대한 강의를 듣고 난 뒤로 그 전에는 한 번도 생각하지 않았던 문제를 고민하기 시작했다고 했다. 보험은 대개 사람이 아플 때나 죽을 때 관여한다. 죽을 때는 생명보험이, 아플 때는 건강보험이 개입하는데, 이 중 건강보험의 상당 부분을 사보험의 건강보장 특약이 충당하고 있다. 개인의 건강관리에 보험회사가 그만큼 깊이 영향을 미치고 있다는 의미다.

그런데 그동안 생명보험 회사에 건강을 전공하는 이들이 별로 없었다고 한다. 건강보험공단에는 보건학을 전공한 사람들이 다수 근무한다. 생명보험 회사도 당연히 보건을 아는 사람이 있어야 하는데, 지금까지 그런 인력을 채용한 적이 없었다는 것이다. 이 말을 듣고 깜짝 놀랐다. 그러면 어떤 사람들을 채용하느냐고 물었더니 경영학이나 경제학과 출신들이라고 했다. 보험금 지급보다는 보험료 수입이 많아야 하니 금융공학에만 집중했을 뿐, 보험업의 본질인 건강관리는 그들의 영역이라 생각하지 않았던 것이다.

그러다가 인구학적 시각에 대해 알고 나서 사보험도 국민의 건강관리에 신경 써야 한다는 사실을 새삼 깨달았다고 했다. 건강이 나빠져서 보험금 지급받을 사람이 많아지고 있는데, 그러면 보험회사 경영이 어려워질 터이므로 회사를 위해서라도 고객들의 건강을 회사가 챙겨줘야겠다는 생각을 하기에 이르렀다는 것이다. 앞으로는 보험회사가 자체적으로 고객들의 건강을 관리할 수 있는 관리사를 두거나, 건강관리용 웨어러블 디바이스를 개발해 보급할 수도 있을 것이다.

이런 변화가 기업에서 일어나기 시작했다. 그렇게 되면 건강 관련 데이터를 만들고 분석하는 인력도 뽑아야 할 것이다. 기존의 보험설계사는 오히려 줄어도 된다. 새롭게 보험시장에 들어올 고객은 줄어들고, 기존 고객을 유지하는 쪽에 무게중심이 실리게 될 터이니 말이다.

지금까지 보험회사는 '건강관리는 국가가 하는 것'이라는 생각으로 일관했고, 국가는 국가대로 '국가가 왜 그것을 다 부담해야 하느냐'며 갈등했는데, 중간의 타협점을 찾아가는 시점이라 할 수 있다. 민간 보험사의 목적이 돈 버는 것뿐 아니라 국민의 건강증진까지 포함하게 된다면 국가의 목표와도 만나게 된다. 서로를 경원시했던 적과의 동침(?)이 이루어질 가능성이 생긴 것이다.

'58년 개띠'와 '70년 개띠' 싸움에 등 터지는 청년들

──────── 특정 코호트 크기가 급격히 커지면 다른 인구집단에도 영향을 미치게 마련이다. 우리나라뿐 아니라 세계적으로 고령인구가 증가하는 추세인데, 이에 따라 다른 연령대와 충돌이 생기는 경우가 종종 발생한다. 2013년 프랑스에서는 2014년부터 시행하기로 예정돼 있던 연금수령 연령 연장

에 대해 20대 초반 젊은이들이 반대하며 거리에서 극렬하게 시위를 했다.

고령자의 비중이 너무 커져 연금재정에 압박이 심해지자 프랑스 정부는 연금수령 가능 연령을 60세에서 62세로 상향 조정했다. 그런데 왜 이것을 당사자도 아닌 젊은이들이 반대했을까? 연금수령이 늦어진다는 것은 곧 은퇴도 미뤄진다는 뜻이 된다. 고령층이 은퇴하지 않고 노동시장에 남아 계속 일하자 취업이 더 힘들어진 젊은 연령층이 반대 시위를 벌였던 것이다.

우리나라에서도 충분히 일어날 수 있는 시나리오 아닌가? 우리나라의 고령화 속도는 매우 빠르고, 앞에서 언급한 바와 같이 연금제도의 개혁을 피해갈 수 없는 상황이며, 취업은 안 그래도 점점 어려워지고 있으니 말이다.

그러나 우리나라에서는 세대 간의 갈등이 다른 양상으로 펼쳐질 가능성이 높다. 흔히 생각하듯 청년층과 노년층, 즉 2030 대 5060의 갈등이 아니다. 인구학적으로 더 눈여겨보아야 할 세대갈등은 베이비부머 1세대와 베이비부머 2세대 간의 갈등이다. 우리나라 베이비부머 1세대는 1955~64년생, 2세대는 1965~74년생을 가리킨다. 한마디로 '58년 개띠'와 '70년 개띠' 간의 대결이랄까.

이 두 세대는 인구 크기가 얼추 비슷하고, 앞서거니 뒤서거니 하며 우리나라의 경제발전을 이룩했다. 그중 베이비부머 1세대가 이제 막 은퇴하기 시작했다. 그들이 은퇴와 관련해 노동시장에 만들어놓은 대표적인 작품이 '정년연장'이다. 이들은 은퇴가 목전에 닥치자 고용을 안정화하는 임금피크제를 도입하고, 은퇴연령을 60세로 늦췄다. 자신들의 노후를 그렇게 해서 조금이나마 안정시켜둔 것이다. 그래도 어쨌거나 은퇴는 해야 했다.

그들이 노동시장에서 빠져나가면 그다음으로 2세대가 슬슬 은퇴를 준비해야 한다. 나도 여기에 포함되는데, 우리 2세대들은 어떤 대책을 세울까?

베이비부머 2세대는 1세대보다 인구가 더 많다. 그리고 이들은 공부도 더 많이 했다. 바야흐로 지금 한국사회의 주도권은 이들 2세대가 쥐고 있다. 만약 여러분이 베이비부머 2세대라면 자신을 위해 무엇을 하겠는가? 지금은 기득권을 쥐고 있지만 경기가 어렵고, 자식에게 노후를 의탁할 수도 없다면?

은퇴를 아예 없애면 된다. 은퇴 없이 평생 일하는 신화를 만드는 것이다. 가만히 보니 그들의 뒤를 따라오는 세대는 크기가 작아 힘이 없는 데다 상대적으로 사회생활도 늦게 시작했으니 경험도 많지 않다. 2세대로서는 놓칠 수 없는 기회다.

국가도 좋을지 모른다. 이들이 한꺼번에 은퇴하면 국가가 이들에게 복지정책을 펴야 하는데 돈이 부족하지 않은가. 그러니 2세대가 은퇴하지 않는 게 국가로서도 나쁘지 않다. 2세대는 대부분 아직 40대이므로 마음만 먹으면 몇 십 년은 더 현역으로 뛸 수 있다. 뒷세대들의 일할 기회는 그만큼 줄어들겠지만, 이미 말했듯이 그들은 정치적 힘이 없으므로 2세대의 계획에 맞서 싸우지 못한다.

오히려 반발은 엉뚱한 데서 온다. 이 광경을 지켜보던 1세대들이 한마디 한다. '뭐야, 왜 너희만 은퇴 안 하고 계속 있어? 너희나 우리나 나이차도 별로 안 나는데. 그럼 나도 돌아갈래.'

실제로 이런 갈등이 나타나기 시작했다. 70세 이상의 노인들은 실버취업을 해도 용역 등 급여가 높지 않은 단순노무직으로 흡수되는 경우가 대부분이지만, 베이비부머 1세대들은 은퇴한지 얼마 되지 않았기 때문에 실력이 녹슬지 않았다. 자산도 있어서 당장 생계가 급하지도 않다. 그러니 급여가 낮은 단순노무직은 성에 차지 않는다. 이들이 원하는 일자리는 안정적인 자리, 자신의 역량을 발휘할 수 있는 자리, 자신이 얼마 전까지 있었던 바로 그 자리다. 지금 그 자리에 누가 있는가 하면, 은퇴도 없애버리려 하는 2세대들이 차지하고 있다. 선배 교수들이 은퇴하고 난 다음 내가 70세까지 계속 교수로 있는 형국이다. (물론 교수는 그러기 어렵다. 대학이 위태로우므로.) 2세대의 은퇴시점이 다가올수록 이 두 세대 간의 격돌이 본격화될 것이다.

상황은 베이비부머 2세대에 유리하게 전개될 가능성이 크다. 어쨌든 아직 현역이고 현재 우리 사회 최대의 기득권층이므로. 그렇게 되면 1세대들은 어디로 가야 할까?

이 국면에서 애꿎게 청년들의 취업시장으로 불똥이 튈 가능성이 크다.

일반적으로 30~50대는 업무와 관련된 기술과 지식, 경험이 절정에 이르기 때문에 까다롭고 전문적인 일을 하고, 20대 신규취업자들은 경력자들에 비해 상대적으로 쉽고 부가가치가 낮은 일을 맡곤 한다. 그러므로 이 두 세대가 취업전선에서 충돌할 일은 별로 없다. 그러나 50대 이후, 은퇴를 맞이한 이들은 사정이 다르다. 일을 아예 하지 않고 노느니 뭐라도 하는 게 경제적으로나 건강 면에서 낫기 때문에 가능하면 일을 하고자 한다. 자신이 하던 일로 돌아가기가 여의치 않으면 아쉬운 대로 취업이 쉬운 일자리라도 찾으려 한다. 바로 20대에게 그나마 남아 있는 그 자리다. 2014년부터 베이비부머의 은퇴가 시작돼 향후 20여 년간 매년 70만~90만 명이 은퇴자가 될 것이다. 청년들의 취업문제를 생각할 때 이들 또한 염두에 두어야 한다.

아무리 청년층이 규모가 작고 힘이 없다 해도, 상황이 이쯤 되면 고령층과의 세대갈등이 아예 발생하지 않을 수는 없을 것이다. 고령인구가 은퇴를 미루면 취업시장에서 부딪칠 것이고, 은퇴해서 연금을 받기 시작하면 그 엄청난 부양 부담을 젊은이들이 떠안아야 하기 때문이다. 어느 쪽이 됐든 충돌은 예고돼 있다.

늙어가는 노동시장, 보수화되는 한국정치

이는 정치지형에도 영향을 미친다. 고령자들은 본인들의 복지 혜택을 늘리기 위한 정치적 움직임을 보일 것이고, 자신들의 거대한 인구 크기를 앞세워 국가에서 가장 큰 이익집단으로 대두될 가능성이 크다. 실제로 인구 고령화를 우리보다 앞서 경험한 남유럽 국가에서는 크고 작은 정치적 의사결정이 고령자의 이익을 중심으로 이루어지고 있다는 연구결과도 발표된 바 있다. 이들에 대한 부양 책임을 지는 젊은 층은 정작 정치적 결정에서 소외되고 만다. 그 과정에서 젊은 층의 반발이 일어날 것은 불을 보듯 빤하다.

지금은 선거 때마다 젊은 층과 고령자층의 세대갈등이 부각되지만, 앞으로 갈수록 베이비부머 1, 2세대 간의 갈등이 불거질 것이다. 이런 정치공학이 작동한다면, 상대적으로 진보적인 정당이 집권을 도모하기 위해 베이비부머 1세대와 연합하는 웃지 못할 일이 일어날 것이다. 기존의 보수당은 기득권층인 2세대와 공고히 결속돼 있으므로, 이들을 이기려면 규모라도 큰 1세대와 연대할 수밖에 없다.

흥미롭지 않은가? 젊었을 때 베이비부머 2세대들은 이른바 '386'이라 불리며 1세대보다 훨씬 강력한 사회저항 세력을 형성했는데, 이제 입장이 뒤바뀌었으니 말이다. 오늘날 베이비부머 2세대들은 실질적인 우리 사회 최고의 기득권층이다. 그래서 진보적인 편에 결코 서지 않는다. 말로는 여전히 민주적 시민의식이 강한 것 같지만 투표는 결코 그렇게 하지 않는다. 반대로 1세대는 여지껏 살면서 저항세력이었던 적이 없었는데, 인생 후반기에 처지가 뒤바뀌었다. 자신이 저항세력과 함께하게 될 줄은 꿈에도 몰랐겠지만, 현실이 그렇게 됐으니 어쩔 수 없다. 그나마 손잡을 세력이라도 있으니 다행으로 여겨야 할지도 모른다.

젊은 층에게는 좋을 것이 하나도 없는 상황이다. 한국에서 권력을 양분하는 두 정당이 모두 보수당이 되는 것이므로. 2030은 인구 크기가 작아서 정치세력을 형성할 수도 없다. 그렇다고 미래 어느 시점에 젊은 층이 주류가 되리라 전망하기도 힘들다. 10여 년 후에 2030이 될 현재의 10대들은 40만 명밖에 안 되는데, 그들이 아무리 소리쳐봐야 90만~100만 명씩 태어나던 1, 2세대들을 어떻게 이기겠는가. 2030에게만 1인 2표를 준다면 모를까, 정치공학에서는 100만 명을 놔두고 40만 명과 연대할 이유가 없다.

일본의 우경화에 대해 많이 우려하는데, 그 이유도 결국 고령화에 있다. 국가가 고령화되면 정치는 보수화되고 우경화될 수밖에 없다. 노인들은 기본적으로 보수적이고, 과거를 그리워한다. 그들에게 표를 얻으려면 그 옛날 모습을 돌려주는 것이 최고다. '옛날에 우리가 얼마나 잘나갔는데!'라는 자부심을 불어넣으면서.

우리나라라고 우경화되지 않으리란 법이 없다. 세대 간 균형을 맞추기 위해 투표연령을 낮추자는 말이 나오는 이유다. 그럼으로써 젊은 유권자의 규모를 인위적으로라도 키우자는 것이다. 그러나 지금의 역관계에서는 그렇게 될 가능성이 높지 않다. 당장 기성세대들은 '뭘 믿고 애들한테 투표권을 주나?'라며 불신하지 않는가.

이와 같이 저출산과 고령화는 가까운 미래에 세대 간의 갈등을 유발하고, 정치지형마저 바꿀 수 있는 매우 큰 파괴력을 지닌다. 중요한 정치적 결정이 고령자를 중심으로 이루어지게 되면 그만큼 젊은 층의 반발을 유발하게 될 것이다.

인구학에 '이스털린-프레스턴 이론'이 있다. 이스털린Richard Easterlin과 프레스턴Samuel Preston은 매우 저명한 미국의 인구학자들인데, 그들이 각기 다른 연구에서 코호트의 크기가 자살률에 큰 영향을 미칠 수 있다는 사실을 입증했다. 한마디로 코호트의 사이즈로 다양한 사회적 현상들을 설명할 수 있는데, 여기에는 사람이 자살하는 행위까지 포함된다는 것이다.

베이비부머처럼 코호트 크기가 큰 집단에 속한 사람들은 입시, 취업, 결혼 등 경쟁해야 하는 시기에 자살률이 높았다.[9] 그러다 은퇴해서 경쟁에서 벗어난 후에는 다른 코호트보다 자살률이 낮았다. 왜냐하면 주변에 자신과 비슷한 사람이 많기 때문이다. 노인이 나밖에 없으면 외롭고 힘이 없으니 자살률이 높은데, 나 같은 노인이 많으면 외롭지도 않고 정치적 힘도 세서 요구할 것도 많아진다.[10]

우리나라에 적용해보지는 않았지만, 성립 가능할 것 같지 않은가? 우리나라의 자살률은 모든 연령대에서 높지만 그중에서도 65세 이상 고령자의 자살률이 유독 높다. 이것을 두고 노인의 삶이 힘들어서 그렇다고 해석하는 것이 일반적이지만, 이 이론을 적용하면 이는 인구집단의 크기 때문일 확률이 높다. 우리나라는 2000년대부터 고령자 집단이 커지기 시작했지만, 아직 절대적인 규모가 큰 것은 아니다. 그 와중에 2000년대부터 혼자 사는 독거노인이 급격히 늘었다. 안 그래도 노인은 사회적으로 고립되기 쉬운데 인구 규모는 크지 않고, 혼자 사느라 교류도 없으니 자살률이 높아질 수밖에 없는 것이다.

이 이론대로라면 앞으로 우리나라의 노인 자살률은 떨어질 가능성이 크다. 베이비부머들은 은퇴 후에도 혼자 지내기보다는 또래들을 만나고 사회적 활동도 하며 상대적으로 활발하게 지낼 확률이 높다. 그에 따라 노인의 자살률도 낮아질 것이다. 마치 해외에 나갔는데 한국 사람을 만나면 반가운 것처럼, 나밖에 없는 듯한 고립감에서 벗어나면 자살률도 떨어지게 돼 있다. 실제로 일본은 고령자가 전체 인구의 25% 이상인데, 그들의 자살률은 중년층에 비해 낮다.

반대로 중년층의 자살률은 점차 올라갈 가능성이 크다. 지금의 20~30대 말이다. 이상한 점은 이들의 자살률은 지금도 이미 높고, 계속 더 높아지고 있다는 사실이다. 경쟁할 시기에는 코호트가 커야 자살을 많이 한다고 했는데, 이들은 코호트 크기가 작은데 왜 그럴까?

추측건대 세대 간 경쟁 때문이 아닐까 싶다. 경쟁은 대개 같은 연령대끼리, 즉 자신의 코호트 내에서 하게 마련인데 지금 20~30대들은 윗세대와도 경쟁해야 한다. 그런데 코호트 크기가 너무 작은 탓에 세대 간 경쟁에서 힘을 발휘하지 못하기 때문에 스트레스와 좌절이 더 큰 것 아닐까.

저출산과 고령화가 청년층에 안긴 현실은 이처럼 가혹하다. 개인에게도 비극일 뿐 아니라 사회 차원으로 볼 때에도 부정적 영향이 매우 크다. 사회의 미래는 젊은이들이 이끌어가야 하는데 정치권이 고령자들에 맞는 정책만 편다면 어떻게 되겠나. 이 문제를 해결하려면 젊은 층에게 표를 2개씩 주든지, 정치권이 대오각성해 표에 연연하지 말고 미래세대를 위한 의사결정을 해야 하는데, 실현 가능성은 크지 않다. 현재처럼 젊은 층의 정치적 요구가 번번이 좌절된다면 머지않아 이민 등 젊은 층의 사회적 이탈이 심화될 가능성도 무시할 수 없다. 현재로서는, 안타깝게도 한국사회가 점점 나빠진다고 전망할 수밖에 없다.

니트, 프리타 외의 대안이 필요하다

──────────────────────── 이처럼 미래가 암울하게 느껴지면 사람들은 자연스레 안정을 추구하며 리스크를 회피하게 된다. 개개인이 그렇게 대응하면서 사회도 전체적으로 축 가라앉고 위축된다.

이미 그런 현상이 나타나고 있다. 2016년 2월에 어느 방송사에서 고등학생들에게 장래 희망하는 직업을 물어본 조사결과가 발표되었는데, 1위가 공무원이고 2위는 건물주 및 임대업자였다.[11] 듣는 사람 심란해지는 결과다. 구체적으로 '하고 싶은 일'

이 무엇인지 알고 실패 위험이 있더라도 과감히 뛰어들겠다는 것이 아니라 그저 돈만 벌면 된다는 발상 아닌가. 수입원일 뿐 직업이 될 수 없는 '건물주'가 장래희망 2위라는 것은 이런 사회상을 단적으로 보여주는 하나의 상징이다.

물론 구체적인 직업을 명시한 아이들도 적지 않았다. 그러나 '공무원'이라는 응답에서 보듯이 다분히 안정성을 의식한 답변이 많았다. 그러나 그것도 현재 기준으로 안정적일 뿐이다. 선생님이라고 응답한 아이들도 많았는데, 교사의 미래 전망이 어둡다는 말은 앞에서 숱하게 했다. 지금도 전국의 사범대학과 일반대학의 교직과정 등을 통해 매년 2만 4000여 명이 중등교사 자격증을 받는데, 2015년 전국의 중등교원은 불과 4400명 정도만 선발했다. 앞으로 그 수는 계속 줄어들 전망이다. 이 정도로 사범대학과 교직과정 출신 졸업생의 진로가 보장받지 못하고 있으니, 냉정하게 수치로만 따지면 전국 사범대학의 존립 자체가 위태로운 지경이다. 아직 저출산 세대가 입학하지 않은 고등학교도 이미 교사 1인당 학생 수가 약 13.2명밖에 되지 않는다. OECD 국가들의 고등학교 교사 대 학생비가 2010년 이후 14명 선으로 유지되고 있음을 감안한다면, 저출산 세대로 고등학교의 모든 학년이 채워지는 2020년에는 우리나라가 OECD에서 가장 낮은 교사 대 학생비를 갖게 될 것이다. 그렇다고 전국에서 수많은 예비교사가 배출되고 있으니 뽑지 않을 도리도 없다. 그래서 뽑기는 하되 규모를 말도 안 되게 줄인다. 극단적인 예를 들자면 중등 독일어 교사는 2008년 이후 전국에서 1명도 선발하지 않았다. 서울대학교 사범대학 독어교육과에서는 매년 15명의 신입생을 선발하고 있는데 말이다.

심지어 학생들이 2위로 꼽은 '건물주'조차 미래에는 든든한 돈줄이 아닐지도 모른다. 지금이야 건물주를 희망하는 것이 영리한 계산처럼 보이지만 15년 뒤에도 과연 그럴지 생각해보라. 경기가 활황이면 모르겠지만 과거와 같은 고도성장을 기대할 수는 없고, 노인들도 많아지니 임대 거래가 줄 것이다. 그렇다면 건물 내 공실空室이 늘어날 수밖에 없다. 공실의 비용은 고스란히 건물주 몫이다. 대출이라도 끼고 올린 건물이라면 더욱 큰 일이다.

노동시장 전체를 놓고 보면, 앞으로는 노동유연화가 더욱 가속화될 가능성이 매우 크다. 어디를 봐도 먹고살기 팍팍해지면 노동시장은 유연해질 수밖에 없다. 이미 과거에 비하면 노동조합의 힘이 많이 약해졌지만, 앞으로 더 약해질 것이다.

보수정당에서 노동개혁을 밀어붙이며 노동계와 갈등을 빚고 있는데, 그것과 상관없이 장기적으로 볼 때 노동시장의 유연화를 피할 방도는 마땅치 않다. 나아가 유연화된 노동시장이 근로자에게도 더 유리해질 가능성이 점점 커질 것이다. 회사에서 평생 일하다 정년이 되어 은퇴하고 나면 무엇을 할 것인가? 일하지 않아도 될 만큼 경제적으로 여유롭지 않다면 노동시장으로 다시 돌아와야 한다. 그리고 가능하면 은퇴 직전에 내가 있던 그곳으로 돌아가는 것이 가장 유리하다. 그러나 정직원으로 돌아갈 수는 없으니 방법은 계약직이 되는 수밖에 없고, 그러려면 노동시장이 경직되어 있으면 안 된다. 유연한 노동시장이 은퇴한 나에게 더 유리한 것이다.

노동조합은 철저히 조합원의 이익을 위해 존재하기에, 대대로 조합원의 권익을 증진시키는 강한 노조를 추구해왔다. 그리고 그 덕분에 얼마만큼의 고용안정성이나마 확보할 수 있었다. 그러나 이제는 정규직이라는 고용형태에 연연하지 않는 것이 훗날을 생각할 때 이득이 될 수도 있음을 어쩔 수 없이 고려해야 한다.

청년실업에 시달리는 젊은 층에는 자의로든 타의로든 이미 비정규직 고용이 많이 확산된 상태다. 지금은 대학생이나 취업준비생들이 가외로 '알바'를 하지만, 앞으로는 아르바이트 형태의 노동을 아예 직업으로 삼는 이들이 늘어날 것이다. 특히 최근 국민적 관심사가 되고 있는 최저시급이 현재보다 크게 인상된다면 더더욱 그럴 가능성이 높아진다. 한국식 프리타 족이 양산된다는 뜻이다.

'프리타'라는 말은 프리랜서와 아르바이트의 합성어로 일본에서 만들어졌지만, 머잖아 한국의 상당수 젊은이들이 프리타를 하며 살게 될 것이다. 제대로 된 직장을 구하지 못하고 서비스 산업에서 파트타임으로 일하며 생활하는 것이다.

일본은 우리보다 20년 앞서 인구 고령화와 저출산 문제를 겪었다. 한때 일본도 200만 명씩 아이를 낳았지만 지금은 120만 명 수준으로 줄었다. 200만 명이 120만 명으로 줄었으니 노동시장의 공동화 현상이 발생했을 테고, 당연히 120만 명은 취직하기 쉬워야 하지 않을까. 그러나 현실은 반대였다. 가장 큰 원인은 고령화에 있었다. 고령화되면서 시장이 축소된 것이다. 윗세대가 빠져나간 자리에 젊은 세대가 들어와 일자리가 순환되어야 하는데, 전반적으로 소비 자체가 줄었기 때문에 시장이 축소돼 신규고용이 일어나기 어려워졌다. 이 때문에 젊은이들에게 기회가 오지 못해 불가피하게 프리타가 양산된 것이다.

물론 자유로운 삶을 추구하며 스스로 프리타를 선택한 이들도 있겠지만, 한번 프리타로 사회생활을 시작하면 계속 프리타로 살게 될 확률이 높고 정규직에 비해 임금도 낮기 때문에 젊은이들의 프리타화는 매우 심각한 사회문제로 인식되고 있다.[12] 최근 일본 통계청의 노동력조사에 따르면 15~34세 인구 가운데 프리타는 약 180만 명으로 6~7%에 달한다.

그나마 일본의 프리타는 사정이 나쁘지 않다. 최저임금 자체가 높기 때문에 결혼하지 않고 혼자 살 생각이라면 프리타 수입으로 충분히 생활이 유지되고, 1년에 한 번씩 해외여행도 다녀올 수 있다. 그러나 우리나라는 최저임금이 낮으므로 프리타 족이 그 수입만으로 생활하기가 어렵다. 가족은 당연히 꾸릴 수 없으니, 이런 사람들이 늘어날수록 저출산 흐름은 저절로 강화된다.

한발 나아가 최근에는 니트NEET 족도 늘고 있다. 말 그대로 'Not in Education Employment or Training', 즉 학생도 아니고 취업자도 아니고 구직활동도 하지 않는 무직자를 뜻한다. 니트 족은 일본을 비롯해 세계적으로 늘어나는 추세이며, 우리나라 도 예외가 아니다.

서둘러 대책을 세우지 않으면 우리나라의 저출산 세대도 니 트 족이 되지 말라는 보장이 없다. 저출산 세대에 지나치게 사회 적 부담을 지우면 이들의 선택지도 일본의 젊은 층과 크게 달라 질 수 없을 것이다. 취업하느라 힘들고 세금 내느라 힘들 바에야 차라리 적게 벌고 마음 편하게 살겠다고 할지 어떻게 아는가. 그 렇게 되면 국가재정에 또 악영향이 갈 것이고, 악순환이 시작될 위험이 있다.

체계적인 인재유출 시스템이 필요하다

최근 젊은 인재들이 한국을 떠나는 인재유출이 많아진다고 걱 정하기도 하는데, 현재 고용상태를 볼 때 젊은 인구가 유출되는 편이 개인을 위해 차라리 옳을지도 모른다. 대졸자를 대상으로 한 노동시장은 커지지 않았는데 젊은 층의 70%가 대졸자 아닌 가. 1985년생 대졸자 56만 명 중 20만 명은 실업자가 될 수밖에 없는 구조인데, 나라 안에만 있으라고 할 수는 없는 노릇이다. 저 성장이 고착화되었고 고령인구가 많아 신규취업이 더 어려워졌으니 젊은이들을 해외로 보내는 것이 전체를 봤을 때 옳은 결정인지 모른다. 2015년 박근혜 대통령이 말한 '청년이여, 중동으로 가라!'를 마냥 우스갯소리로 치부할 것은 아니라는 말이다.

다만 박 대통령이 박정희 전 대통령과 다른 점이 있다. 아버지 대통령은 1960년대에 젊은이들을 독일에 광부와 간호사로 보내면서 '인재유출 시스템'을 만들었다. 독일어를 못해도 마음 놓고 일하러 갈 수 있도록 집도 제공해주고, 받은 월급을 한국으로 보낼 수 있도록 국가 간 협정을 맺은 것이다. 그래서 일만 열심히 하면 그곳에 쉽게 정착할 수 있도록 했다.

이처럼 국가가 나서서 인재유출 시스템을 만들어야 한다. 그래야 세금제도도 정비될 수 있다. 외국에서 일하고 세금도 외국에만 내면 우리나라 재정에 도움이 되지 않는다. 20만 명이 해외에서 일한다면 그 나라에도 세금을 내지만 우리나라에도 세금이 오도록 해야 한다. 그래야 우리나라에 있는 노인들을 돌볼 수 있지 않겠나.

그런데 박근혜 대통령은 이런 시스템을 만들지 않은 채, 그저 중동이 잘살고 기회가 많아 보이니 중동으로 가라고 말만 했다는 게 문제다. 개인더러 알아서 가라는 것 아닌가. 그렇게 해서는 개인도 정착하지 못할뿐더러 국가재정에도 도움이 안 된다. 국가가 앞장서서 젊은이들이 정착할 수 있도록 제도를 마련해놓고 난 다음에 그들을 보내야 한다. 그래야 개인이 짊어질 리스크를 줄일 수 있다.

아울러 도전적인 창업에 대해서는 혁신적으로 지원해주어야 한다. 취업이 어려워지면서 아예 자기 사업을 하겠다고 나서는 1인 창업가solo-preneur들이 늘고 있다. 자영업자가 아니라 작은 규모로 직접 기업을 일으키는 사람들 말이다. 이런 이들을 혁신적으로 지원해야 한다. 청년은 물론 베이비부머 1세대들의 시니어 창업도 소외시켜서는 안 된다. 그래야만 베이비부머 1, 2세대 간의 격돌이 완화될 수 있다.

나도 학생들에게 해외로 가라고 권유한다. 다만 그냥 가라고는 하지 않는다. 학교 차원에서 루트를 만들어줘야 한다. 최근 코이카나 국제보건의료재단 등을 통해 국제보건 활동이 활발해지고 있는데, 문제는 학생들이 3년간 해외에서 활동하고 난 이후가 보장되지 않는다는 것이다. 충분한 예산을 확보해 청년들의 국제활동을 지원해주거나 그들의 노동력에 응분의 대가를 지불해야 하는데, 지원자들의 봉사 내지 희생을 기대한다는 점도 문제다.

이렇게 단기적인 봉사에 그칠 바에야 차라리 학교가 나서서 학생들에게 국제보건 벤처를 만들어주자는 생각도 한다. CEO를 포함해 운영 등 제반 활동을 졸업한 학생들에게 맡기고 서울대학교 벤처기업으로 만드는 것이다. 물론 개인이 할 수도 있는 사업이지만, 사회에 갓 발을 디딘 개인에게 알아서 하라고 요구할 수는 없다. 기성세대도 기업하기가 얼마나 힘든데, 사회경험이 일천한 대학생 혹은 대학원생더러 맨땅에서 시작하라고 요구하는 것은 가혹하다. 기반을 제공하고, 어느 정도 인프라와 경험이 갖춰지면 그때부터 알아서 하도록 해야 한다. 이것이 말하자면 '시스템을 갖춘' 생존전략이다.

일자리 경쟁이 치열해진다는 것은

개인에게는 분명히 재앙과 같은 상황이다.

반대로 기업 입장에서는

훌륭한 인재를 골라 쓸 수 있어서 좋아지는 걸까?

편리하게 사람을 쓰고 자를 수 있으니 좋아진 걸까?

이렇게 단편적으로 사고하는 기업가는

설마 없을 것이다.

저출산+고령화+저성장, 대안은 해외에?

Chapter 4

사람들이 일자리를 구하지 못한다는 것은, 거꾸로 보면 이들이 쓸 돈이 줄어든다는 뜻이다. 고령화된 베이비부머들은 은퇴하면서 지출을 줄이고, 저출산 세대는 규모도 작은 데다 그나마 변변한 일자리를 찾지 못해 소비를 많이 못 한다. 이처럼 1인당 소비 총량이 줄어든다면 전체 소비규모 또한 축소되고, 경기는 위축될 수밖에 없다.

어떤 인구가 발전에 유리한가
──────────────── 발전론은 사회학의 큰 분야이자 경제학의 주요 주제다. 그리고 인구학에서도 발전론을 중요한 주제로 다룬다. 인구학이 발전론과 연관되기 시작한 것은 맬서스가 빈곤문제의 원인을 인구에서 찾은 데서부터였다.

　발전의 맥락에서 인구가 늘어나야 한다고 보는 이들도 있고, 반대 의견도 있다. 경제규모를 위해서는 인구가 많아져야 하지만, 지속 가능한 발전을 위해서는 인구가 오히려 줄어야 한다고도 말한다. 우리나라도 지금 인구가 줄어들면 못살게 될까 봐 걱정이지만, 어떤 이들은 인구가 줄어드는 편이 환경이나 삶의 질을 높이는 데 더 좋지 않느냐고 반문한다. 이에 대해 다른 쪽에서는 환경오염은 인구 때문이 아니라 화석연료를 너무 많이 썼기 때문이라고 반박하는 등, 논쟁은 꼬리를 물고 계속 이어진다.

이 모든 논란들은 결국 인구가 발전에 미치는 영향에 대한 견해 차이에서 비롯된다. 이른바 '발전에 적절한 인구규모가 얼마인가' 하는 논쟁이다. 우리도 궁금하다. 그게 얼마인지. 도대체 한국 인구가 어느 정도가 되어야 발전하는 데 가장 적절한가?

예전에는 최적인구를 뽑는 것이 '규모'만 가지고도 가능했다. 그러나 지금은 규모만 가지고 말하지 않는다. 인구학에서는 인구 크기보다는 구성composition을 더욱 중요시한다. 인구의 구성요소는 연령, 인종, 교육수준, 고용상태, 가구구조, 지리적 분포 등 다양하다. 같은 규모의 인구라도 어떻게 조합되었느냐에 따라서 사회가 발전할 수도 있고 쇠퇴할 수도 있다.

미국이나 유럽은 인구구조의 다양한 요소 중에서도 '인종'이 특히 중요하다. 그렇다면 우리나라는 무엇이 중요할까? 그렇다, '나이'다. 위계질서가 강한 문화적 특성에도 기인하지만, 지금의 인구문제는 결국 연령구조의 왜곡에 있기 때문이다. 사실 우리나라 인구는 지금도 늘고 있다. 그런데 왜 얼마 못 가 나라가 사라질 것처럼 야단인가 하면, 고령화된 인구만 급속도로 커지기 때문이다. 생산인구가 많아져야 하는데 고령인구가 커져봐야 경제에 도움이 안 된다는 것.

그동안 우리나라가 추진했던 가족계획은 모두 '출산율이 낮아져야 부양할 아이가 적어져 부담이 줄어든다'는 논리였다. 그러다 지금은 반대로 노인이 많아지니 이들을 부양할 다음 세대가 많아져야 한다고 말한다. 이처럼 인구정책은 환경은 물론 한 나라의 발전정책과도 밀접히 연관된다.

인구와 경제발전, 닭이 먼저냐 달걀이 먼저냐

그렇다면 경제발전과 인구는 구체적으로 어떤 상관관계가 있을까?

1960~2000년까지 세계 각국의 1인당 GDP와 인구성장과의 상관관계를 전체적으로 보면 인구증가율이 낮을수록 소득이 높았다. 이것을 보면 사람들은 자연스럽게 '인구증가율이 낮아야 잘살 수 있구나' 하는 생각을 하게 된다. 정말 그럴까?

168쪽의 그래프를 구간별로 쪼개서 살펴보면 재미있는 결과가 나온다. 서구유럽의 잘사는 국가에서는 최근 들어 인구증가율이 오히려 반등하고 있다. 그런가 하면 소득수준이 중간인 국가에서는 GDP와 인구증가율과의 상관관계가 뚜렷하게 나타나지 않고, 소득수준이 낮은 나라들은 인구증가율이 낮을수록 그나마 GDP가 높은 것으로 나타난다. 즉 소득과 인구증가 사이의 상관관계를 쉽게 단순화할 게 아니라는 것이다. 구간별로 쪼개서 보면 전혀 다른 그림이 나오기도 하니 말이다.

실제로 인구학자들 사이에는 장기적으로 보면 인구증가가 경

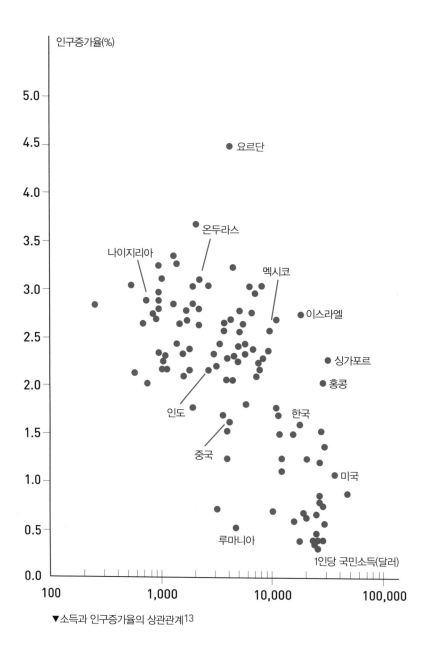

인구증가율(%)

- 5.0
- 4.5 ● 요르단
- 4.0
- 3.5 ● 온두라스
- 나이지리아
- 3.0 멕시코
- 2.5 ● 이스라엘
- 싱가포르
- 2.0 홍콩
- 인도
- 1.5 한국
- 중국
- 1.0 미국
- 0.5 루마니아
- 0.0
  1인당 국민소득(달러)

100   1,000   10,000   100,000

▼소득과 인구증가율의 상관관계13

제발전을 유도한다는 의견이 많다. 인구가 경제발전의 동기부여가 된다는 것이다. 사람이 많아지면 삶의 질이 떨어져서 심리적 저항반응이 생기고, '이래서는 안 되겠다' 하는 경각심에 더 열심히 일하게 된다는 것이다. 또한 건설산업 등은 인구가 많아야 규모의 경제를 실현할 수 있어 발전이 가능해진다.

　서구국가의 발전상은 이 모델로 설명 가능하다. 그렇다면 아프리카 등 저개발국가는 어떻게 설명할 것인가? 그들은 인구가 늘어나는데도 왜 발전하지 못했을까?

　예컨대 나이지리아를 보라. 1980~2000년 사이에 나이지리아 인구는 7100만 명에서 1억 2300만 명으로 해마다 2.7%씩 증가했다. 같은 기간 경제성장률도 연평균 2.3%에 달했다. 인구가 늘어나면서 경제도 발전한 것일까? 그러나 실질적인 1인당 국민소득은 오히려 점점 후퇴한 것으로 나타났다. 어떻게 된 일일까? 이는 경제성장이 노동의 결과라기보다 오일머니에 힘입은 바가 컸기 때문이다.

　이렇게 되면 우리는 또다시 인구증가는 경제발전과 관계없는 것 아닌가 하는 질문을 던지게 된다. 오히려 경제발전은 시장상황이나 정치제도, 세계적 노동분업의 변화상에 따라 결정되지 인구 때문만은 아니라는 것이다.

　이 또한 틀린 말은 아니다. 실제로 개발도상국들의 경제발전과 이에 기여한 다양한 독립변수와의 상관관계를 보면 실로 다양한 요소에 의해 경제발전이 영향 받는다는 사실을 알 수 있다. 아이가 많이 태어날수록 경제는 어려워지는 흐름이 뚜렷해지지만, 15세 이상 즉 일하는 인구가 많아질수록 경제는 성장한다. 또한 국가의 투자가 활발할수록, 그리고 해외투자가 많을수록 경제성장이 가속화된다. 처음부터 잘사는 나라가 아니라 해도 다른 요소들이 충족되면 경제가 발전할 가능성은 있다는 것이다. 여기에 인구요소가 충족되면 발전의 여지는 더 커진다.

이처럼 인구와 경제발전 간의 정해진 공식 같은 것은 존재하지 않는다. '오일머니'처럼 다른 요인이 있다는 것을 고려하지 않고 인구만의 문제로 치환하면 곤란하다는 뜻이다. 각국의 역사도 중요하고, 무엇보다 언제 경제발전의 첫삽을 뜨기 시작했는지가 관건이다. 국가 내에 발전의 자극제가 얼마나 많은지도 다 다르다. 이 모든 요소를 전부 고려해야 한다.

인구와 경제발전 중 어느 것이 선행요소인지에 대해서는 아직도 이견이 분분하다. 경제가 성장하면 사회가 발전하니 각종 의료수준도 높아질 테고, 사망률이 낮아지므로 인구구성에 변화가 생기고 전체적으로는 인구가 증가할 것이다. 우리나라가 바로 이 상황이다. 또한 '인구이동'이란 요소도 간과할 수 없다. 부유한 국가에는 일하고자 하는 사람이 유입되게 마련이다. 이런 많은 요소와 선후 인과관계를 고려해야 한다.

그럼에도 여전히 많은 국가들이 잘살기 위해 무작정 출산율부터 낮추려고 한다. 앞에서도 말했듯이 인구는 숫자 그 자체가 중요한 것이 아니다. 인구학자에게 인구에서 가장 중요한 것을 하나만 꼽으라면 결국 '연령구조'다. 이는 인구와 경제발전을 논할 때 빠져서는 안 될 요소이기도 하다. 보유한 자원을 토대로 성장할 수 있는 능력carrying capacity은 인구규모가 아니라 연령구조에 의해 결정되기 때문이다. 최근의 많은 인구정책은 인구의 연령구조를 어떻게든 바꾸고자 하거나, 지금의 인구구조에서 잘사는 방안을 모색한 결과물이라 할 수 있다.

이를 판단하는 간단한 질문이 있다.

'지원해야 할 인구가 더 많은가, 생산할 인구가 더 많은가?'

전자가 더 많으면 말 그대로 부담이 커진다는 의미에서 '인구 오너스demographic onus'라 하고, 후자가 더 많으면 '인구 보너스 demographic bonus'라 한다. 그러나 단순히 생산인구가 많다고 해서 보너스를 받을 수 있는 것은 아니다. 보너스를 많이 받으려면 양질의 생산인구를 많이 키워내야 한다. 이런 맥락에서 가만히 있어도 주는 보너스 대신 '배당금dividend'이라는 용어를 쓰기도 한다. 과거에 인구의 질을 높이기 위해 교육 등에 투자한 보상을 받는다는 의미에서다.

내가 인구정책 자문을 하고 있는 베트남에서는 현재 이 '인구 배당금'에 대한 논의가 활발히 진행 중이다. 최근에 경제가 좋아지고 인구구조가 변화하면서 젊은 사람이 많아졌으니 배당금을 받을 때가 됐다는 주장이다. 베트남의 사정이 좋아진 것은 맞다. 그러나 나는 아직 베트남이 인구 배당금을 받기에는 이르고 오히려 10~20년은 더 투자해야 한다고 조언하곤 한다.

10년 후에도 우리 제품이 잘 팔릴까?

──────────────── 국가는 인구의 중
요성을 알기 때문에 인구에 대한 통계를 다각도로 산출하고 있
다. 통계청에만 들어가도 출산율, 사망률 등 수많은 데이터를 누
구나 쉽게 볼 수 있다. 여기에 정책이나 의사결정을 위한 판단의
기준을 제공하려면 그 숫자들이 가지는 의미를 알아야 한다. 이
것이 인구학적 관점이다.

우리나라 기업들은 인구학 전공자를 별로 활용하지 않지만
해외 글로벌 기업들은 이들을 마케팅 파트에 다수 고용한다. 내
가 미국에서 석사를 마칠 무렵 몇몇 친구들이 심각하게 고민하
는 모습을 보았다. 당시 박사학위를 받아서 사회학과 교수가 되
면 받게 되는 평균연봉이 6만~7만 달러 정도였는데, 석사를 마
치고 기업에 들어가면 당장 손안에 들어오는 연봉이 10만 달러
였기 때문이다. 그다지 실용적인 학문으로 보이지 않는 사회학
전공자들에게 기업이 러브콜을 보냈다는 것은, 그만큼 의사결
정을 할 때 인구학적 관점을 중요하게 반영했다는 뜻이다.

그들 기업들은 인구학적 관점을 가져와서 어떤 판단을 내리
고 싶어 했을까? 가령 이런 것이다.

'10년 후에도 우리 제품이 잘 팔릴까?'

지금 주력하고 있는 상품이 10년 뒤에도 시장을 점유할까? 기
업이라면 놓칠 수 없는 질문이다. 지금 우리 물건을 사주는 고객
들이 10년 후에도 우리 제품을 계속 사줄까? 아니면 그 연령대

에 진입하는 신규고객들이 자리를 채워줄까?

지금까지는 이런 고민을 하지 않고 물건만 부지런히 만들었다. 인구가 충분히 많았으니 별 문제 없었던 것이다. 그래서인지 기업 강의를 가서 "10년 뒤에도 내수시장이 있을까요?"라고 물어보면 사람들이 매우 당황한다. 그런 생각을 해본 적이 없었기 때문이다. 그러나 앞으로는 인구변화가 극심할 터이니 진지하게 이 문제를 생각할 시점이 되었다.

예컨대 자동차 시장을 생각해보자. 2015년에 현대기아차의 실적이 좋았다. 특히 내수시장에서 괜찮았다. 시장점유율 자체는 하락했지만 대형차를 많이 판매했기 때문에 영업이익이 높았다. 대형차를 누가 샀을까? 은퇴하기 직전의 베이비부머들이 샀다. 이들이 2015년 현대차의 매출을 견인해줬다.

그렇다면 현대차는 우리나라 자동차 시장에서 계속 좋은 성적을 거둘 수 있을까? 아쉽게도 현재로서는 낙관할 수 없다. 현대차의 역량에 문제가 있어서가 아니라, 사람들의 인생을 생각해보면 그런 결론이 나온다는 것이다.

어떻게 그런 결론이 나오는지 함께 생각해보자. 우리는 과연 내 인생의 '마지막 자동차'를 언제 살까? 그리고 그 차는 무엇이 될까?

내가 관찰하기 쉬운 대학교수들을 예로 들어보면 대개 정년퇴임하기 2~3년 전, 그러니까 60대 초반에 생애 마지막 차를 산다. 경제적으로도 가장 여유로울 때이니 좋은 차를 산다. 짐작건

대 다른 직장인들도 비슷할 것이다. 대표적인 차종이 제너시스다. 현대차의 매출을 견인하는 대형차다. 현대차로서는 희소식이다.

그러나 희소식은 여기까지다. 자동차 회사는 소비자들이 적어도 10년쯤 후에는 차를 바꾸기를 기대할 것이다. 그래야 계속 매출이 발생하니까. 그러나 제너시스 구매자는 결코 차를 바꾸지 않는다. 말 그대로 '내 인생 마지막 차'이니 말이다. 멀리 갈 것도 없이 내 아버지가 딱 그런 경우다. 퇴직 직전에 EF소나타를 사셨는데, 15년 넘게 달린 주행거리가 4만 5000km쯤 된다. 그것밖에 안 타냐고 하겠지만, 사실 노인들은 운전할 일이 많지 않다. 아버지가 집에만 계시는 것도 아니고 지금도 인생2막을 활발히 살고 계신데도 그렇다. 서울이라 대중교통 잘돼 있지, 지하철은 무료이니 자가용을 운전할 일이 별로 없고, 운전한다 해도 아무래도 젊을 때보다 행동반경이 줄어드니 주행거리가 짧다. 이처럼 소득도 줄고 행동반경도 좁아지는 데다 대중교통까지 편리하면 자동차를 10년마다 바꿀 이유가 없어진다. 만일 사더라도 제너시스 같은 대형차가 아니라 소형차를 산다.

인생사로 바라본 자동차 구매패턴이 이러한데 인구마저 줄어든다면, 제너시스의 시장은 베이비부머가 은퇴하는 앞으로 10년 동안만 커지고 그 이후 급격히 줄어들게 된다. 그 빈자리를 이후 세대가 메워줘야 하는데, 기본적으로 100만 명에 가까웠던 윗세대에 비해 지금의 30대들은 80만 명밖에 안 된다. 엎친

데 덮친 격으로 30대들은 결혼을 하지 않는다. 혹은 결혼해도 아이를 낳지 않는다. 한두 명이 타는 차는 클 필요가 없다. 그렇다면 실용적인 국산 소형차를 사거나, 대형차 살 돈으로 작지만 폼 나는 외제차를 사겠다고 할 수도 있다.

이처럼 고령자들 대상의 시장은 급격히 줄어들고 신규 유입해야 할 젊은이들은 외제차를 산다고 하면 국내 자동차 기업의 매출은 떨어질 수밖에 없다. 같은 제조업체 내에서도 대형차와 경차의 마진 차이는 3배가 넘는다. 그래서 그동안 열심히 대형차를 팔아왔는데, 대형차를 사줘야 할 소비자가 갑자기 다 소형차만 사겠다고 하면 (심지어 그것마저 사지 않으면) 자동차 회사로서는 큰일이 아닐 수 없다. 과연 이들은 10년 후 어떻게 살아남아야 할까?

자동차 엔지니어들은 노인들이 안전한 차를 필요로 하리라는 생각에 자율주행차를 개발하자고 할지 모른다. 그러나 나라면 노인이 되어도 자율주행차를 살 것 같지는 않다. 안 그래도 소득이 줄어드는데 그 비싼 걸 과연 살까? 차라리 옵션 하나도 없는 소위 '깡통차'를 사는 게 이득일 것 같다. 장시간 운전할 일도 없고 젊은이들처럼 거칠게 운전하지도 않으니 안전하고 비싼 차는 별로 필요 없다. 최근 일본에서 경차판매가 급증하고 있는데, 2012년에 이미 경차 구매자의 평균연령은 50세를 넘어섰고, 전체 구매자의 30%가 65세 이상 고령자였다.[14]

국내 자동차 회사들의 매출을 보장해주었던 국내시장이 이처럼 위축되고 있으니 새로운 캐시카우 전략을 마련해야 한다. 그러나 해외 사정도 만만치는 않다. 현대차의 중국 내 시장점유율이 떨어지고 있다. 중국의 부호들은 유럽차를 사고, 일본차를 타던 사람들은 그대로 일본차를 사고, 현대차를 타던 사람들은 자기네 중국차를 사기 시작했기 때문이다. 중국만이 아니라 전 세계에서 현대차가 맞닥뜨릴 현실이다.

이렇게 보면 현대차의 전망이 어둡기만 한 것 같다. 이 이야기를 증권사 펀드매니저에게 들려준 적이 있는데, 그들도 현대차의 미래를 어둡게 보고 있었다. 이유를 물으니 제너시스가 미국에서 자리 잡지 못했기 때문이라고 한다. 이익을 견인하는 대형차가 고전하므로 현대차의 앞날이 밝지 않으리라 판단해 투자 하향조정을 하기도 한다.

그러나 내 생각은 조금 다르다. 현대차의 캐시카우가 달라지고 있기 때문이다. 미국에서 제너시스가 고전하고 있지만 전체적인 현대차의 시장점유율은 나쁘지 않다. 이번에는 미국의 인구변화에 이유가 있다. 미국에서 현대차를 주로 구매하는 고객은 히스패닉인데, 이들이 매우 빠르게 늘어나고 있기 때문이다. 아직은 중국차가 미국시장에 진출할 수 있다는 보장이 없고, 중국차와 경쟁하지 않는 한 현대차의 미국시장은 견고한 편이다. 그러니 현대차가 고급차에 대한 욕심을 버리고 소나타나 엘란트라 급을 주력으로 승부수를 띄운다면 미국시장은 여전히 탄탄한 수익원이 될 것이다.

이처럼 시장의 인구변화를 다각도로 살피지 않고 제너시스의 실적이 기대에 못 미친다는 한 가지 이유만으로 미래를 전망해서는 곤란하다. 기업 경쟁이 점점 치열해져서 10년짜리 장기전망이 무의미해졌다는 말을 많이 하지만, 그래도 자신이 앞으로 어떤 환경에서 비즈니스를 하게 될지 알려면 인구학적 전망이 반드시 필요하다.

예컨대 건설사는 몇 년 앞을 내다봐야 하는가? 자동차가 10년을 타는 내구재라면, 집은 30년 이상 사용하는 내구재다. 그렇다면 건설사도 30년 앞을 내다보며 시장을 예측해야 한다. 돈벌이에 급급해 한 번 팔면 그만이라고 생각할 사람도 있겠지만, 집을 구매하는 이들의 미래를 생각한다면 집을 짓는 건설사도 30년 후를 고려해야 하지 않겠나. 안타깝게도 지금까지는 미래보다는 현재를 더 중시하며 아파트를 지었다는 의구심을 지울 수 없다. 가족 규모가 줄어든 2000년 이후에도 30~40평대 아파트 위주로 지어졌다는 사실에서 단적으로 드러난다. 이유는 단순하다. 큰 아파트가 건설사에도 이익이 많아서다. 여기에 대형 아파트 위주로 움직이는 부동산 시장이 결합했다. 그 결과가 지금 가시화되는 아파트 위기다.

건설사뿐이 아니다. 가끔 기업에서 강의를 하다 보면 깜짝 놀랄 때가 있다. 어떻게 대기업조차 인구변화 같은 중요한 이슈에 이토록 어두울 수 있을까? 업계 1위라는 기업이 모르는데 다른 기업들은 과연 알까? 일반인들이야 말할 필요도 없다. 그러다 강의를 듣고 위험성을 인지하고 나면 비로소 마음이 급해져 대책을 고민하느라 바빠지곤 한다.

세대의 크기는 곧 경제의 크기다

인구변화가 경제에 중요한 이유는, '인구'를 비즈니스 용어로 바꾸면 곧 '시장'이 되기 때문이다. 생산을 담당하는 인구의 크기가 축소된다는 것은 그만큼 사회 전체적으로 생산성이 줄어들 수 있음을 의미한다. 물론 개개인의 생산성이 향상된다면 인구가 감소해도 전체적인 총량이 유지될 가능성은 있다. 특히 정보통신기술ICT이 발전하면서 앞으로 개인의 생산성이 지금에 비해 더욱 크게 증가할 것이라는 예상도 가능하다.

하지만 이미 언론에 보도된 바와 같이 OECD는 2020년대가 되면 우리나라의 잠재성장률이 가입국 중 최하 수준인 1%대가 될 것이라 예측했고, 그 원인으로 저출산에 따른 생산인구의 급감을 들었다.[15] 저출산 세대가 성장하는 동안 생산성이 얼마나 향상될지 예측하기는 거의 불가능하다. 그에 반해 생산인구가 언제 얼마나 감소할지는 인구추계를 통해 비교적 정확하게 예측할 수 있다. 인구변화 추이를 볼 때 저출산 세대의 등장은 곧 국가 전체의 생산성에 매우 큰 잠재적 축소요소로 작용하게 될 것이다.

미래의 생산인력이 줄어들면 이는 또다시 산업구조의 변화를 야기하게 된다. 한 연령대에 80만~100만 명이 노동시장에 있을 때와, 50만 명도 없을 때의 산업구조가 같을 수는 없다. 게다가 앞으로 해마다 80만 명이 노동시장에 유입될 것이라 예측될 때와 40만 명도 안 되리라 예측될 때는 더욱 그러하다. 인구가 많을 때 비교우위가 있는 산업구조와 인구가 적을 때 비교우위를 가질 수 있는 산업은 다르다.

혹자는 이렇게 생각할 수도 있다. 전 세계에는 우리나라보다 인구가 적은데도 잘사는 나라들이 얼마나 많은데 아직도 인구의 크기로 시장규모를 생각하느냐고. 틀린 말이 아니다. 예컨대 복지와 출산 영역에서 우리나라가 그렇게 닮고 싶어 하는 북유럽의 부국富國 스웨덴은 인구가 1000만 명도 되지 않는다. 주변의 또 다른 선진국들인 덴마크, 노르웨이도 인구가 600만 명이 채 되지 않는다. 전 세계 축구 명문팀 지도자를 꾸준히 배출하고 있는 네덜란드, 또 다른 축구 강국인 벨기에 역시 인구가 각각 1700만과 1150만 명에 불과하다. IMF의 통계에 따르면 이들 국가의 2015년 1인당 GDP는 모두 4만 5000달러를 넘는다. 북유럽 선진국 중 가장 인구가 적은 노르웨이는 8만 달러가 넘는다. 이렇게 보면 인구가 많다고 시장이 커서 잘사는 것이 아니라는 지적은 맞다.

하지만 여기서 간과하지 말아야 할 사실들이 있다. 유럽국가들의 식민지 경영이나 1, 2차 세계대전을 지나면서 획득한 과학

기술의 진보까지 거론할 필요도 없다. 이 국가들에는 우리나라와 다른 매우 중요한 인구변수가 있다. 바로 이들 국가는 처음부터 인구가 많지 않았고, 우리나라와 같은 급속한 출산율 감소와 인구 고령화를 경험한 적이 한 번도 없다는 것이다. 한마디로 북유럽에서는 1960년대에는 한 가정에 6명이 태어났는데, 1980년대에 2명, 그리고 2000년대에 들어 1명 남짓으로 줄어드는 출산감소 현상이 없었고, 1980년 65세에 불과하던 평균수명이 2010년에 80세로 급등하는 현상도 없었다.

이 책의 프롤로그에서 나는 만일 변동이 크지 않다면 인구는 상수이지 변수가 아니라고 밝혔다. 인구의 크기가 작지만 선진국인 이 국가들과 지난 50년간 급속한 인구변동을 겪으며 경제적으로 성장해온 우리나라에서 인구가 갖는 중요성은 다를 수밖에 없다. 게다가 경제가 제조업을 중심으로 성장해온 경우 인구는 곧 생산과 소비의 중심이며, 그들의 크기는 바로 생산과 소비의 시장규모가 될 수밖에 없다.

조선족을 더 들이자고?

———————————— 그렇다면 생산인력이 급감하여 시장이 급격히 축소될 것으로 정해져 있는 우리나라는 어떠한 생존전략을 짜야 하는가? 항간에서 말하는 대로 정말로 외국인을 받으면 되는가? 아니면 고령자들이 생산이든 소비든 시장에

서 결코 빠져나가지 못하게 해야 하는가? 아예 국내 시장규모가 축소될 것을 기정사실로 받아들이고 사회와 경제 전반에 걸친 다운사이징을 준비해야 하는가? 혹은 살 길을 찾아 각자 해외로 나가야 하는가?

우선 외국인 유입의 가능성에 대해 살펴보자.

우리나라 통계청은 5년마다 인구주택총조사를 실시하고, 이 듬해 이를 기반으로 장래인구추계를 발표한다. 2011년 인구추계 자료에는 2060년까지의 인구전망이 제시되었는데, 여기에 특이한 점이 있었다. 인구가 정점을 찍고 감소하는 시점을 기존의 예측보다 12년이나 늦춰 2030년으로 잡은 것이다. 2006년에 발표했던 추계에는 2018년에 인구가 최대 수준에 도달한 다음 줄어들 것이라 예측했는데, 어찌해서 5년 만에 이처럼 '낙관적'인 예측을 내놓게 되었을까?

통계청은 그 이유로 크게 3가지를 들었다. 인구변동의 주요 요인은 출산, 사망, 국제이동이다. 그런데 합계출산율은 2005년 1.08명으로 바닥을 친 후 조금씩 반등하고 있고, 2007년부터 외국인 노동자들이 고용허가제를 통해 매년 수만 명씩 입국해 젊은 인구의 순유입이 많아졌으며 혼인이주 여성도 2000년대 중반 이후 매년 늘었다. 또한 노년층의 사망률은 2005년 이후 지속적으로 떨어지고 있다. 이 3가지가 반영된 2011년 추세선이 2006년 추세선과 크게 달라졌다는 설명이다.

사망률이 더 낮아질 것이라는 전망은 유효하다. 청년층이나 영유아 사망률은 이미 세계 최저 수준이지만 노년층의 사망률은 지금도 계속 낮아지고 있으므로 통계청의 예측은 적절하다 하겠다.

그렇다면 출산율은 어떨까? 통계청은 2005년 이후 출산율이 다시 올라갈 것이라 전망했다. 물론 통계청에서도 출산율 증가가 계속되기는 어려울 것으로 보아 합계출산율이 2010년에 1.23, 2020년에 1.35, 2030년 1.41로 증가한 후 유지될 것으로 예측했다.

그러나 현실은 이보다도 낙관적이지 않다. 2012년까지는 출산율이 1.3까지 상승해 통계청의 예측보다 빠른 증가추세를 보였지만, 2013년에 다시 1.19까지 하락했다. 기본적으로 출산의 주요 연령대인 28~33세 여성들의 인구가 줄어드는 데다 혼인 연령도 높아지고 있기 때문에 출산율이 다시 크게 반등하리라 기대하기는 어렵다. 그뿐 아니라 혼인의 가장 큰 걸림돌인 높은 전월세 가격이 하락할 기미를 보이고 있지 않기 때문에 단기적으로 출산율 상승은 낙관하기 어렵다고 보는 것이 적절하다.

실제로 얼마 전 우리 정부는 2016년 상반기 출산통계를 분석한 후 2016년 출산율과 출산아 수가 이른바 '역대급'으로 떨어질 것이라 전망했다. 우리나라보다 앞서 초저출산 현상을 경험한 일본, 스페인, 이탈리아도 저출산 현상이 20년 넘게 지속된 후에 출산율이 약간 반등했다가 다시 하락하고 있다. 그러므로 우리나라도 출산율이 장래인구추계 결과를 크게 바꾸어놓을 만큼 달라질 것으로 예측하기는 어렵다.

그렇다면 남은 대안은 해외인구 유입뿐이다. 자국민이 늘어나지 않는다면 외국인의 유입을 대책으로 생각해볼 수도 있다. 고령화와 저출산 문제를 이미 겪은 이탈리아, 독일, 스페인, 일본 중에서 인구문제로 우리나라처럼 심각한 타격을 입은 국가는 일본뿐이다. 다른 나라는 어떻게 무사할 수 있었을까? '이주'가 있었기 때문이다. 출산율이 낮아도 유럽국가들은 EU로 하나가 되고 동유럽이 몰락하면서 외국에서 젊은이들이 유입되었다. 덕분에 유럽국가들은 저출산을 겪고도 인구구조가 크게 변화하지 않았다. (대신 인종 문제가 발생하고 있다.)

사실 저출산·고령화가 우리나라나 일본처럼 급격히 진행되지 않는 한 대개는 인구이동으로 보완할 수 있다. 가장 좋은 예가 미국이다. 미국의 백인 인구는 줄어드는 추세이지만 전체 인구는 오히려 증가하고 있다. 백인의 공백을 중남미에서 올라오는 히스패닉이 메우고 있기 때문이다.

이와 관련해 얼마 전에 한 교수가 흥미로운 논문을 썼다.[16] 주제인즉 '미국의 주인은 더 이상 백인이 아니다'이다. 지금도 미국 인구 중에는 백인이 가장 많다. 그러나 2010년 이후 태어나는 아이들의 절반은 히스패닉이다. 문제는 미국 내 히스패닉의 70%가 빈곤층이라는 사실이다. 아시다시피 미국의 빈익빈부익부 현상은 우리나라보다 훨씬 더 심각하다. 그러니 20년 후 미국은 어떤 사회가 되어 있겠는가. 젊은 층의 상당수가 빈곤층이며 점점 더 가난해질 테니, 정치적으로도 얼마나 불안하겠는가 말이다.

과거에 미국은 흑인들더러 알아서 살라고 내버려둔 채 전혀 투자하지 않았다. 그런 다음 흑인들의 노동력 수준이 떨어지자 그 자리를 히스패닉으로 채웠는데, 그러면서도 히스패닉에 대한 투자는 여전히 하지 않고 있다. 그 결과가 머지않아 나오기 시작할 것이다. 아동인구의 절반을 차지하는 히스패닉이 20세 이상이 되면 미국사회는 지금과 딴판으로 변화할 것이다. 우리 머릿속에 있던 '아메리칸 드림'과는 전혀 다른 방향으로 진행될지도 모른다.

여하튼 우리나라도 인구가 계속 줄어든다면 결국 미국이나 유럽국가들처럼 해외인구를 받아들일 수밖에 없다. 다만 문호를 확 개방하느냐, 호주나 뉴질랜드처럼 엄격하게 제한할 것이냐는 생각해볼 문제이지만 말이다. 호주나 뉴질랜드는 백호주의를 폐지했지만 이민 요건은 여전히 까다롭다. 기술자, 관리직, 기혼자 위주로 이민을 허가하며 건강까지 체크해서 받아들인다. 범죄가 늘어나는 것을 막고 글로벌 경쟁에 도움이 되는 이들만 수용하겠다는 것이다.

사람을 가려서 받든 무조건 받든, 일단 들어오려는 사람이 있고 나서의 이야기다. 그러나 내가 2014년에 수행한 연구에서 장래인구추계를 다시 실시한 결과, 2011년 장래인구추계의 기반이 된 2010년 이후 이주민의 수는 오히려 크게 줄어들었음을 알수 있었다. 2010년과 2011년에는 남녀 각각 매년 4만~4만 5000명의 외국인이 순유입되었지만, 2012년에는 남성이 약 3000명 감소했고, 여성도 약 1만 명 증가에 그쳤다. 그리고 추세로 볼 때 국내 거주 외국인이 지금보다 더 늘어날 가능성은 없다고 보고 있다. 왜일까? 그 이유를 생각해보자.

이주, 그중에서도 해외이주는 개인의 인생사에 매우 의미 있는 사건으로 그만큼 신중한 의사결정 과정이 따른다. 또한 받아들이는 나라에서도 이점이 있어야 한다. 즉 이주에는 일정한 조건이 필요하다. 여기에서 따져봐야 할 것이 푸시-풀 요인push-pull theory이다. 보내는 쪽은 밀어내는 요소가 있어야 하고, 이주민을 받는 쪽에서는 끌어당기는 요소가 있어야 한다.

떠나는 입장에서 보자면, 일단 개인의 기질이 이주를 감행할 만한 '성향'이어야 한다. 그다음에 이주에 대한 '동기부여'가 되어야 하고, 이를 최종 '결정'해야 한다. 성향은 개인이 이주할 만한 자산을 가지고 있는가, 위험을 감수할 만한 기질인지, 가족 구성원 중 이주를 반대하는 이가 있는지, 이주할 지역에 나의 네트워크가 있는지 등에 의해 따라 달라진다. 그다음에 따져볼 것이 이주 목적과 제반 비용 등 동기부여 요소다. 이것들이 다 충족될 때 비로소 이주가 실행된다.

또한 이주는 개인 라이프사이클의 영향을 많이 받는다. 대표적인 요소가 결혼, 직업, 교육수준이다. 성별에 영향 받기도 해서 어떤 사회는 여성들의 이주가 금지되기도 한다. 그런가 하면 남자보다 오히려 여자를 많이 내보내는 사회도 있다. 멀리 갈 것도 없이 1960~70년대의 우리나라가 그랬다. 장남은 집에서 공부하고, 딸들을 대도시 공장에 보내 돈을 벌어오게 했으니 말이다. 그러다가 지금은 다시 딸보다는 아들을 많이 내보내는 추세가 되었다. 사회가 여성 혼자 지내기에 위험해져서일 것이다. 물론 모든 가정에서 똑같은 결정을 내리지는 않으며, 자녀가 몇 명인지에 따라서도 달라진다.

국내이주도 적응에 시간이 걸리지만, 아무래도 더 어려운 것은 해외이주다. 나의 해외이주 경험은 미국 유학인데, 이때 가족의 자산과 내 건강상태를 꼼꼼히 점검받아야 했다. 현지에 도착해서는 온갖 문화적, 제도적 이질감 때문에 스트레스를 받는다. 그나마 나는 한국에서나 미국에서나 학생 신분이었지만, 더러는 그동안 유지해왔던 직업이나 사회적 지위를 모두 포기해야 할 수도 있다. 1980년대 이민 스토리 중에는 한국 의사가 미국에 가서 세탁소로 다시 시작했다는 무용담이 빠지지 않는데, 이렇게 기득권을 모두 포기하는 용기를 내기가 말처럼 쉽지는 않을 것이다.

대개 이주를 하면 처음에는 아무것도 모르는 상태에서 일단 현지의 제도를 받아들이고, 차츰 문화에 적응하며, 최종적으로 그 나라 사람이 된다. 물론 이러한 과정이 내가 가지고 있던 언

어와 문화, 정서 등을 모두 버린다는 의미는 아니다. 오히려 이
주민들이 으레 가장 먼저 하는 행동은 '고향 사람 찾기'다. 이주
초기에는 스트레스와 근심이 극심하고 알게 모르게 외국인 혐
오 정서에 노출되기도 하는데, 나와 동질적인 사람이 있으면 아
무래도 마음이 안정되니 자연스럽게 '한인회' 같은 공동체가
만들어진다. 이런 모임이 활성화되면 집을 구하거나 취업하는
데 많은 도움을 받을 수 있고, 덕분에 이주가 좀 더 쉬워지기도
한다. 그러나 한편으로 한인 커뮤니티 안에서만 생활하다 보면
현지에 동화될 기회를 놓칠 수도 있다.

한국에 들어오는 외국인들도 모두 이러한 개인적 도전의 과
정을 거쳐 이 땅에 정착한다. 여기에 큰 영향을 미치는 것이 국
가의 이주정책이다. 비록 저출산·고령화 현상이 고착화되어 가
면서 정부는 물론 민간에서도 이주 인구를 더욱 늘리자는 이야
기가 나오고 있지만, 이것이 실제 정책으로 이어져 실효를 거두
게 될지는 누구도 장담할 수 없는 것이 사실이다.

한국에 들어오는 외국인을 범주화하면 크게 혼인이주 여성과
흔히 '조선족'이라 칭하는 중국동포, 외국인 노동자, 그리고 유
학생으로 나눌 수 있다. 이들이 앞으로 한국에 더 많이 들어오게
될지 한번 점검해보자.

혼인이주 시장이 축소되고 있다

첫째, 혼인이주 여성은 이미 눈에 띄게 줄고 있다. 2010년에 한국에 온 혼인이주 여성은 2만 6300명으로, 그 해 전체 국내 혼인의 약 8%를 차지했다. 그러다 2015년에는 1만 4000여 명으로 줄었다. 5년 만에 외국인 여성과의 결혼이 1만 건이나 넘게 줄었는데, 특히 베트남 여성과의 혼인이 급감했다. 왜 베트남 여성들이 한국에 오지 않을까? 경제력 좋은 중국 총각들을 만나러? 그럴 수도 있겠지만, 인구현상으로 보면 더 본질적인 이유가 있다.

결혼시장도 어쨌든 '시장'이므로, 외국인 여성을 원하는 남성이 있어야 혼인이 성사된다. 지금까지 누가 주로 베트남 여성과 결혼했는가? 농촌 총각들이다. 그런데 이제 농촌에 총각들이 많지 않다. 비인간적으로 표현하면 '수요' 자체가 줄어든 것이다. 베트남 여성들을 유인할pull 요인이 사라졌기 때문에 이들이 오지 않게 된 것이다. 이처럼 푸시-풀 이론은 이주를 설명하는 가장 간단하면서도 유용한 이론이다.

베트남 여성만이 아니라 조선족의 혼인이주 역시 급감하고 있다. 조선족과 베트남 여성은 결혼 대상자가 다르다. 2014년에 혼인을 위해 우리나라에 온 베트남 여성들의 평균연령은 24세인 반면, 중국 동포는 35세다. 나이에서 알 수 있듯이, 후자는 주로 재혼 파트너다. 재혼은 대개 40대 이상이 하며 전처 사이에 낳은 아이도 있게 마련인데, 이들의 결혼상대로 베트남 여성들

은 너무 젊다. 그래서 재혼시장에는 조선족이 더 많은데, 2010
년에 1만여 명에 달하던 조선족 혼인이주가 2015년에 약 4500
명으로 줄었다. 사회 전반적으로 결혼 및 이혼에 대한 인식이 바
뀌면서 재혼시장도 줄어든 것이다. 현재의 추세로 볼 때 앞으로
베트남 여성과 조선족 여성과의 혼인건수는 더 감소할 가능성
이 매우 크다.

입국할 조선족이 부족하다

둘째, 일하러 오는 조선족들이다. 재혼을 위해 들어오는 경우
도 많다고 했지만, 그래도 조선족이 입국하는 주된 이유는 돈을
벌기 위해서다. 지금 식당 종업원이나 가사도우미 등 서비스업
에 종사하는 여성인력, 건설현장에 종사하는 남성인력의 상당
수가 중국 조선족이다. 자영업자들도 인건비가 낮은 조선족을
선호한다.

일전에 모 정당의 대표가 인구감소 타개책으로 조선족을 대
거 받아들이자고 해서 화제가 되기도 했다. 하지만 최근 연변의
인구변화 추이를 보면 절대 불가능한 말이다. 베트남 여성들과
달리, 조선족은 중국을 떠날 푸시push 요인이 없기 때문이다.

인구이동은 한쪽이 받아들인다고 이루어지는 게 아니다. 우
리나라가 조선족을 많이 받으려 해도 그들이 오지 않으면 뾰족
한 수가 없다. 그런데 조선족의 주요 거주지인 연변자치구의 합
계출산율이 1990년대부터 급감하기 시작했다. 중국의 한 자녀

정책이 적용되지도 않았는데 이미 한족漢族보다 출산율이 낮다. 중국 정부의 통계[17]에 따르면 2012년 중국 자치구의 조선족 인구가 213만 명 정도인데, 그중 0~17세까지 젊은 인구의 비중이 12%밖에 안 된다. 60세 이상 노인인구 비중은 17%로 우리나라보다 더 높다. 2004년에는 전체 인구가 217만 명이었고 이 중 젊은 인구는 18%, 고령인구는 12%였다. 10년도 되지 않는 기간 동안 인구 크기에도 큰 변화가 없는데 인구의 연령구조만 역전된 것이다.

게다가 지금 들어오는 조선족들도 중고령자들이 수시로 우리나라에 와서 일하다 돌아가는 것이지, 결코 새로운 인구가 한국에 오는 게 아니다. 20~30대 젊은 인구는 대부분 한국이 아니라 칭타오 등 한국과 교역이 활발한 중국 대도시로 간다. 이들은 한국어에 능통하고 교육도 잘 받은 터라 칭타오에서 중국과 한국 간의 무역사업을 하는 편이 훨씬 소득이 높다.

그러니 조선족으로 우리나라 인구를 보전한다는 발상은 실현 가능성이 없다. 은퇴 후 자영업을 하려는 분들은 잘 생각해보아야 할 것이다. '중국 교포들이 있으니 단순인건비는 나중에도 지금처럼 낮겠지?' 하고 대충 생각해서는 안 된다는 말이다.

외국인 노동자는 '우리'가 아니라는 인식

셋째, 외국인 노동자들은 고용허가제를 통해 쿼터제로 한국에 온다. 2015년에는 약 5만 5000명이 들어왔다.

1명이 아쉬운 상황에 이처럼 유입을 제한하고 관리하는 데에는 이유가 있다. 우선 외국인 노동자들이 한국의 노동시장을 교란할 위험 때문이다. 현재 미국에서 히스패닉 때문에 흑인이 설 자리가 없는 것처럼 말이다. 이것이 현재 미국의 심각한 사회문제가 되고 있다. 2008년 오바마 대통령이 취임한 후 흑인들의 고등학교 중퇴율을 낮추겠다는 공약을 내건 배경이 여기에 있다. 당시 미국 흑인의 남자 고등학교 중퇴율은 전국적으로 50%, 도시 지역은 무려 60%에 육박했다.[18]

우리라고 이런 운명을 비켜갈 수 있을까? 저비용에 양질의 노동력이 들어오면 한쪽은 좋고 다른 한쪽은 나쁘다. 미국에서 좋은 쪽은 백인이었고, 나쁜 쪽은 흑인이었다. 우리에게는 좋은 쪽은 기업이고 나쁜 쪽은 근로자일 터다. 일할 사람을 구하는 곳은 많은데 일할 사람이 적으면 그때가 근로자의 가치를 높일 수 있는 기회가 된다. 그런데 양질에 상대적으로 저렴한 외국인 노동자들이 대규모로 공급된다면 우리 국민들을 위한 일자리가 크게 줄어들 위험이 있으니 국가가 나서서 외국인 노동자의 유입을 제한하는 것이다.

외국인 노동자가 늘어나기 힘든 이유는 이것만이 아니다. 우리 사회가 정말로 외국인 노동자들과 함께 살고 싶어 하는지, 스스로에게 다음과 같은 질문을 해보면 쉽게 알 수 있다.

외국인 노동자는 20대가 오는 게 나을까, 50대가 오는 게 나을까? 20대가 오는 게 낫다.

그렇다면 건강한 사람들이 와야 할까, 건강하지 않은 사람들이 와야 할까? 당연히 건강한 이들이 와야 한다.

그들은 혼자 와야 할까, 부양할 가족과 함께 와야 할까? 역시 많은 독자들의 마음속에 '혼자'라는 답이 떠올랐을 것이다.

외국인 노동자가 3년쯤 일했는데 병에 걸렸다. 그러면 본국으로 돌려보내고 다른 건강한 외국인 노동자를 받아야 할까, 그를 치료해서 고용을 유지해야 할까? 가족처럼 정이 들었으면 모를까, 비용을 생각한다면 당연히 돌려보내는 편이 낫다는 답이 반대의견보다 먼저 나올 것이다.

이런 질문에는 외국인 노동자를 대하는 우리 사회의 인식이 적나라하게 드러난다. 외국인 노동자를 결코 우리 사회의 일원으로 생각하지 않는다는 것. 고령화가 심각하고 일할 사람이 없으니 급한 대로 일손을 빌리지만, 함께 공동체를 이루며 살아갈 사람으로 여기지 않는 정서가 팽배해 있다. 이런 우리의 요구조건이 바뀌지 않는 한 그들을 더 많이 받을 길은 없다.

실제로 우리나라에 들어온 외국인 노동자는 4년 10개월을 일하고 본국으로 돌아간 후 원하면 한 번 더 올 수 있는데, 재입국하는 경우가 많지 않았다고 한다. 고용주가 젊은 인력을 원하기 때문이다. 그러다 최근에 조금 늘었는데, 그 이유는 한국인 숙련공이 사라지고 있기 때문이다. 이렇게 해서 다시 입국하는 이들도 역시 가족은 못 데려온다. 돈 벌고 싶으면 10년 가까이 가족과 생이별을 감수하라는 것이다.

생각해보라. 여러분이 해외 기업에 스카우트되었는데, 입사 조건이 가족을 못 데려오게 하고 '너만 오라'는 것이라면? 아무리 꿈의 직장이라도 그런 입사를 쉽게 결정할 수 있을까? 이처럼 의사결정을 방해하는 너무도 분명한 제약조건들 때문에 외국인 노동자들은 쉽게 우리나라로 들어오지 못한다. 이들과 함께 사회를 이루고 공생한다? 개인과 사회의 의식이 바뀌지 않는 한 현실적으로 요원한 이야기다.

유학생이 안착할 여건이 취약하다

넷째, 유학생은 지금도 많이 온다. 내 연구실만 해도 인도네시아, 보츠와나, 에티오피아, 미국에서 온 유학생들이 있다. 그들을 보며 우리는 이런 말을 한다. '이런 똑똑한 젊은이들을 많이 받아들여서 기업을 발전시켜야 한다'고.

하지만 현실은 다르다.

내 연구실에 아프리카 보츠와나에서 온 학생이 있다. 미국에서 학부를 마치고 보츠와나 보건부에서 일하다가 우리나라에서 주는 국가장학금을 받고 유학 와서 1년간 한국어를 배우고 대학원에 들어온 매우 똑똑하고 열성적인 친구다. 이 학생은 졸업 후 우리나라에 더 살면서 일을 하고 싶어 한다. 하지만 갈 수 있는 곳이 많지 않다. 언어 때문이다. 우리말은 할 줄 아는데 글을 못 쓴다.

한글을 못 쓰면 한국기업에 들어가기가 거의 불가능하다. 운좋게 기회가 생기더라도 정당한 노동의 대가를 요구하기 힘들다. 그나마 이 학생은 1년간 우리말을 배운 다음 석사과정에 들어왔기 때문에 제한적이나마 우리말을 할 수 있었다. 하지만 거의 대부분의 유학생들은 몇 년을 한국에서 공부하면서도 우리말을 제대로 하지 못하고 졸업한다.

이들이 한국에서 학교를 다녔는데도 한국말을 잘 못하는 이유는, 학교에서 한국말을 쓸 일이 없기 때문이다. 한국 학생들이 다 영어로 해주는데 무슨 필요가 있겠는가. 물론 안 되는 영어로 떠듬떠듬 말해야 하는 한국 학생들의 심사도 복잡하겠지만 말이다.

랭킹을 매우 좋아하는 우리나라는, 한국을 대표한다는 서울대학교가 세계 대학 랭킹에서 100위 안에 들지 못하자 거센 비판이 일었다. 이에 서울대학교가 많이 노력해서 50위까지는 끌어올렸는데, 그 뒤로 더 올라가지 않았다. 이유를 살펴보니 국제화 점수가 낮기 때문이었다. 외국인 교수가 너무 적다는 것이다. 그래서 외국인 교수를 많이 채용해 2007년 11명이던 인원을 2013년 100여 명으로 늘렸다.

그 후로도 매년 교수채용에서 10%가량을 외국인으로 충원하고 있는데, 이상하게도 2013년 이후 외국인 교수의 수는 변함이 없다. 계속 충원하는데도 수가 늘지 않는 이유는 간단하다. 매년 새롭게 뽑히는 만큼 외국인 교수가 서울대를 떠나고 있기 때문이다.[19] 그들은 왜 떠났을까? 이유는 간단하다. 교수회의를 가면

다 한국말로 하니 외국인 교수는 꿔다놓은 보릿자루 신세다. 우리말로 소통이 쉽지 않으니 대학원생도 지도 받기를 꺼린다. 당연히 연구실 운영은 파행이 될 수밖에 없다. 모든 행정서류도 대부분 한글로 돼 있다. 그렇다고 그들을 위해 영어를 잘하는 행정직원을 뽑기도 어렵고….

그나마 학교에서는 동료 교수나 학생들이 이들을 위해 영어를 써준다. 그러니 한국말을 배울 기회는 또 사라진다. 이렇게 임시방편으로 살다가 결국 못 견디고 한국을 떠나는 것이다. 그나마 다시 돌아가지 않고 계속 서울대학교의 국제화 수준을 지켜주고 있는 사람들은 외국 국적을 취득하고 서울대로 온 교포 교수들이다.

대학도 이런데 우리 사회가 똑똑한 외국인들을 불러들여 그들이 정주定住하도록 도울 수 있을까? 정부에서 유학생을 많이 받자고 하는 이유는 이들이 공부를 마친 후 한국에서 일하며 우리의 국가경쟁력을 높여주기 바라서다. 똑똑한 인재는 이미 한국에 많이 들어와 있다. 그들이 일할 수 있는 여건만 만들어주면 되는데 그걸 못해서 다시 돌아가는 것뿐이다.

다문화주의 이면의 순혈주의를 지워라

현실이 이러하다. 외국인의 입국 결심을 굳히게 할 만한 유인 요소가 우리에게는 많지 않다. 그런데도 한쪽에서는 한국도 다문화사회가 되어 앞으로 외국인들이 늘어날 거라고 말한다. 어림없는 말씀이다.

〈비정상회담〉이라는 TV 프로그램에서 미국인 출연자가 이런 말을 했다. 한국의 문화는 다문화multi-culture가 아니라 동화정책이라고. 다문화는 서로의 문화가 다름을 인정하는 데서 시작하는데, 우리나라는 무조건 '한국에 왔으니 한국인'이라고 생각한다는 것이다.

내가 재직하는 서울대학교 교가에는 "단일해온 말을 쓰는 조촐한 겨레"라는 가사가 있다. 조국을 위해 헌신할 젊은 오누이들이라는 자긍심이 느껴지는 가사이지만, 가끔 행사에서 교가를 부를 때마다 '이제 바꾸어야 하지 않나?' 하는 생각이 든다. 유학생들이 들으면 자기 학교 노래라는 생각이 들까? 이처럼 민족의 경계를 가르는 인식은 우리 도처에 있다. 서울대뿐 아니라 전국 학교에 있는 교가나 공공기관이 담고 있는 메시지들을 따져보면 이런 인식을 담은 표현이 엄청나게 많을 것이다. 한국에 왔으면 한국말 해야 한다는 식의.

과거에는 이주해서 적응하려면 기존의 것을 버리고 현지에 완전히 동화되는 길밖에 없다고 생각했다. 비유적으로 말하는 '멜팅팟melting pot'이 바로 그러한 개념이었다. '완전 동화' 외에는 살아남을 방안이 없다고 생각한 미주의 한국 이민자들이 했던 대표적인 행태가 '한국말 금지'였다. 자녀가 하루빨리 영어를 배워야 하므로 집에서도 한국말을 못 쓰게 하고, '너희는 빨리 주류사회에 들어가야 해'라는 목표를 계속 주입한 것이다.

'주류사회'라는 것은 미국 사람처럼 산다는 것이다. 이것이 대표적인 오류였다. 오히려 한국말도 잊지 않은 사람들은 미국에서 공부한 후 한국에 돌아와서 글로벌 인재로 대접받으며 훨씬 잘산다. 반면 영어만 하는 이들은 한국에 돌아올 수도 없고, 미국에서 백인사회 내의 비주류로 살 수밖에 없다.

이제는 동화되는 것 외에도 여러 가지 적응방식이 있다는 것을 알게 되었다. 다차원 적응multi-dimensional acculturation이란 한마디로 내가 새로운 사회의 문화를 배운다고 해서 기존의 내 문화를 버릴 필요는 없다는 것이다. 양쪽을 다 가질 수 있다. 한국말을 버리지 않고도 영어를 배울 수 있고, 그래서 양쪽 문화를 모두 이해하는 글로벌 인재로 성장할 수 있다. 그러나 아직도 우리나라는 동화되어야 한다는 이념이 강한 듯하다. 우리나라의 순혈주의 혹은 지속적으로 교육받은 민족주의가 배타성으로 잘못 드러난 것 아닐까. 정주민들이 만들어놓은 문화적 특성도 한몫할 것이고. 어쨌든 이런 다양한 요소들이 외국인을 배척하는 요인으로 작용한다.

아이러니한 점은, 우리나라의 현행 이주민 정책은 기본적으로 다문화주의라는 것이다. 그들의 관행을 존중하고 우리 것을 강요하지 않는다는 것. 실제로도 제도상으로는 까다로운 규제나 절차를 강요하지 않고, 똑같이 기회를 준다. 누구든 입국 후 3개월만 되면 건강보험에 가입할 자격을 준다. 외국인이라고 배제하지 않고 한국의 의료혜택을 똑같이 제공하겠다는 것이다.

국가로서는 잘하고 있는 것이다. 그러나 원칙만 훌륭해서는 부족하다. 원칙이 효과를 발휘하려면 사람들의 인식도 함께 바뀌어야 한다.

베트남에서 한국으로 시집온 여성들이 겪는 첫 번째 고부갈등은 어이없게도 사과 깎는 것이라고 한다. 우리나라는 사과를 바깥쪽에서 안쪽으로 깎는데, 그들은 바깥으로 깎는다. 그걸 본 시어머니가 '넌 왜 그렇게 깎냐' 며 타박한다. 한국에 왔으면 된장국도 끓일 줄 알고 사과도 안으로 깎을 줄 알아야지, 넌 왜 그러냐는 것이다. 하긴, 문화의 차이를 인정해주는 집에서는 처음부터 갈등이 없을 것이다. 사과 깎는 습관조차 이해 못하니 고부갈등이 폭발하는 것 아니겠나.

마음대로 사과 깎을 자유(?)조차 허용하지 않는 문화적 순혈주의를 그대로 둔 채 정책만 다문화주의를 표방하는 것은 일종의 형용모순이다. 비판적으로 보면 이는 현실을 적극적으로 바꿔나가지 않겠다는 방임주의이기도 하다. 제도만 만들어놓고 별다른 강제성 없이 개인이 알아서 잘하라는 것이니 말이다.

그나마 있는 제도도 시스템이 취약해 허점이 많다. 이주에 관한 정책은 외교부 소관이고, 이들의 법적 지위는 법무부 소관이고, 건강은 보건복지부 관할이다. 이들 부처 사이에 정보공유가 원활하지 않아 각기 따로 움직인다. 어느 외국인 노동자가 불법체류자가 됐다고 해보자. 그러면 당연히 건강보험에 들지 못한다. 보험에 가입했다가 불법체류 사실이 법무부에 통지될까 봐서다. 하지만 사실은 통지되지 않는다. 그 정도로 부처 간 연계가 허술하다. 이주자를 효과적으로 관리하고 지원하려면 최소한 이 3개 부처가 연계된 시스템이 마련되어야 한다. 언어, 문화에 따른 지원 시스템이 갖춰지는 것도 필수다.

해외투자에 더 적극적으로 나서야 한다

———————————————————— 저출산·고령화로 인구구조가 왜곡되고 해외 인재의 유입이 가속화되기 어렵다면 인구정책의 대변환이 필요하다. 과거에는 성장을 위한 전략을 짰다면 이제는 정반대 방향, 즉 인구변동 및 다운사이징 downsizing에 대한 대비를 해야 한다. 개인도, 기업도, 학교도, 국가도 예외일 수 없다. 그중에서도 국가의 정책전환이 가장 시급하다.

그러나 현재 한국은 다운사이징에 대한 대비책이 없다. 오로지 출산율을 어떻게든 높이는 데에만 골몰하는 모양새다. 과거에 출산율만 떨어뜨리면 먹고사는 모든 문제가 해결될 것이라 믿었던 것과 흡사하다. 그러나 출산율을 어떻게 높일지 고민하는 것보다 다운사이징이 되었을 때 노동시장이 어떻게 변화할 것이며, 지금 노동시장에서 일어나는 미스매칭을 어떻게 바로잡을지 고민하는 게 훨씬 현실적이다.

기업 입장에서 생각해볼 적극적 해법 중 하나로 해외투자가 있다. 국가적으로도 해외원조 투자는 더욱 확대해야 한다. 그렇게 되어야 해외시장을 키울 수 있다.

해외투자를 계획한다면 먼저 투자할 국가의 잠재적 발전가능성을 면밀히 따져야 할 것이다. 이때에도 인구학적 관점은 유용하다. 현재 많은 기업이 해외 OEM 방식을 통해 제품을 생산하고 있는데, 그 나라의 노동시장은 10년 뒤에도 지금처럼 유지될지 생각해볼 일이다. 과거에는 '중국은 저임금'이라는 통념 하나만 믿고 중국에 가도 괜찮았다. 그러나 오늘날의 중국은 더 이상 저임금 노동시장이 아닐뿐더러 중국도 지난 30년간 시행했던 한 자녀 정책 때문에 젊은 층이 줄어서 인구정책을 바꾼 형편이다. 이런 점들을 예측하면 기업의 중요한 전략을 수립하는 데 도움이 된다.

나아가 해외에 진출하면서 비단 OEM만을 고집할 이유가 없다. 특히 우리나라의 시장규모가 급속히 줄어들 것으로 예견되는 지금은 해외진출의 의미를 OEM보다는 시장개척에서 찾아야 한다. 즉 그곳에서 생산한 제품을 그곳에서 소비할 수 있는 시장을 발굴하고 판매해야 한다는 것이다. 이때에도 그 나라의 인구를 알아야 한다. 우리 상품을 사줄 만큼 성숙한 구매력을 갖춘 인구가 얼마나 되는지 알아야 시장을 넓힐 수 있다.

미국 등 현재의 패권국가들이 쇠락해가는 와중에 새롭게 부상하는 나라들도 있다. 예컨대 베트남이 그렇다. 베트남은 중위연령이 27세일 정도로 일단 매우 젊다. 우리나라도 저런 적이 있었을까 싶을 정도로 그들은 젊다. 인구도 9400만 명으로 많다.

애초에 내가 베트남에 관심을 두게 된 이유도 이 때문이다. 대개 어린 자녀를 둔 교수들은 안식년에 아이들 영어도 가르칠 겸 미국에 간다. 그런데 나는 가족을 떼어놓고 1년간 혼자 베트남에 가서 정부의 인구 및 가족계획국과 일했다. 베트남이 실제로 기회의 땅인지 직접 가서 보고 싶었다.

실제로 본 베트남에는 과연 저력이 없지 않았다. 객관적인 수치 외에도 베트남은 교육열이 높고 양질의 노동력이 풍부한 데다 여전히 가족중심적 마인드가 강하다. 이들에게는 가족이 최고의 가치다. 길에 다니는 사람 붙잡고 당신의 꿈이 뭐냐고 물으면 다들 '우리 아이들 교육시키는 것'이라고 대답한다. 자녀에게 크게 기대하는 것도 없으면서 일단 교육부터 시키고 본다.

또한 그들은 외국인인 나를 초청해 인구정책을 짤 만큼 해외 레퍼런스를 적극 활용한다. 이런 자세는 우리나라도 본받아야 한다고 생각한다. 만약 우리나라의 합계출산율이 인구대체 수준인 2.1명이 된 1983년에 일본이 겪고 있는 인구변화 추이를 봤다면 아마 그때 가족계획을 중단했을 것이다. 바로 이웃한 나라가 우리의 20년 후를 보여주고 있는데도 우리는 그것을 참고하지 않았다.

베트남의 풍부한 농촌인구도 큰 강점이다. 인구학에서 농촌인구는 매우 중요한 판단지표다. 우리나라 인구문제의 해결이 어려운 이유 중 하나는 농촌인구가 너무 적기 때문이다. 현재 우리나라 전체 인구의 83%가 도시에 살고 있다. 반면 베트남은 전체 인구의 65%가 농촌에 산다. 베트남 정부는 중국의 젊은이들이 도시로 몰리는 현상을 보고, 자국 젊은이들이 농촌을 떠나지 않도록 하는 정책을 마련하고 있다. 물론 쉽지는 않겠지만, 농촌 붕괴를 막으려는 시도 자체는 높이 평가해야 한다.

또한 강력한 중앙집권 체제인 데다, 대외적으로 인도차이나 반도의 중심국이라는 점을 빼놓을 수 없다. 인접국인 미얀마는 베트남보다 경제는 물론 사회발전 수준이 10년 이상 뒤처져 있고, 라오스는 공무원 연수를 베트남으로 보내 벤치마킹하고 있다. 또한 베트남은 1978년 캄보디아를 공격해 당시 악명을 떨쳤던 크메르 루즈 정권을 무너뜨리고 1989년까지 군대를 주둔시켰다. 그 지역에서는 베트남이 맹주인 셈이다.

이 말은 곧 베트남 시장은 베트남만이 아니라 인도차이나 반도 전체가 될 가능성이 매우 크다는 뜻이다. 현재 이 지역의 인구는 베트남 9400만, 미얀마 5400만, 캄보디아 1600만, 라오스 700만으로 모두 합하면 1억 7000만 명이나 된다. 이 지역의 인구는 계속 늘어나고 있으니 10년쯤 후면 가뿐히 2억 시장으로 성장할 것이다. 기술적으로도 베트남은 ICT 인프라가 매우 좋다. 2016년 현재 LTE 시범사업 중이고 어디를 가도 3G는 다 되며, 시골 상점에서도 와이파이가 다 터진다.

이렇게 쓰고 나니 베트남은 기회의 땅이 분명해 보인다. 그러나 좋은 조건만 있는 선택지는 세상에 없다. 베트남에 진출하거나 주식투자를 할 생각이라면 그들의 미래를 가로막는 장애물도 함께 살펴야 한다. 경제전문가가 아닌 내가 섣불리 조언하기는 조심스럽지만, 눈에 띄는 몇 가지만 말해보겠다.

첫째, 일단 자국기업이 거의 없다고 보면 된다. 1980년대에 우리나라 주식시장이 성장할 수 있었던 것은 국내기업이 있었기 때문이다. 그런데 베트남에서 활동하는 대기업은 해외기업 일색이다.

둘째, 개인의 사회경제적 지위의 이동 가능성이 희박하다. 사회주의 체제임에도 인맥과 출신성분과 재력에 따라 승진속도가 다르다. 고위공무원이나 사업가의 자녀들은 아예 처음부터 미국이나 유럽에서 공부하고 정착하는 등 인재의 해외 유출 문제도 심각하다. 이는 수준 높은 대학이 없기 때문이기도 하다. 하나의 캠퍼스에 여러 개의 단과대학이 공존하는 우리나라와 달리 베트남의 대학은 대부분 단과대학이다.

셋째, 교육열이 높지만 자국기업이 거의 없으므로 이들을 흡수할 일자리가 많지 않다. 우리나라가 1980~90년대에 높은 교육열을 소화할 수 있었던 이유는 양질의 교육을 제공할 수 있는 대학이 많았던 것뿐 아니라 우리 자본으로 세운 기업이 적지 않았고 양적으로 팽창하고 있었기 때문이다. 그래서 그 많은 대졸자들의 취업이 어렵지 않았다. 그런데 베트남은 교육열도 높고 양질은 아니어도 대학의 수도 적지 않음에도 자국기업이 많지 않기 때문에 대졸자의 취업기회가 매우 제한적이다. 해외기업은 대졸자보다는 제조업에서 필요한 단순노동 인력을 더 선호한다. 수준 높은 교육을 받은 이들이 노동시장에서 산업을 견인해야 하는데 현재로서는 그러기가 여의치 않은 구조다.

넷째, 앞서 말한 대로 베트남에서도 고령인구가 급성장하고 있다. 급속한 고령화는 어느 사회에서든 건강관리를 위한 사회적 비용증가를 의미하므로 경제성장에 걸림돌로 작용한다. 그나마 고령자에 대한 부양과 건강관리의 책임이 사회보다는 가족에 있기 때문에 세금부담이 상대적으로 적고, 출산율 또한 지난 12년간 2.1 수준으로 유지하고 있어 연령구조의 왜곡이 심하지는 않은 편이다.

현재 베트남의 1인당 GDP는 약 2100달러 수준이다. 이러한 문제점들이 해결되지 않더라도 베트남의 인구구조와 해외자본 투자, 그리고 점진적인 사회발전을 통해 아마도 1인당 GDP 5000달러까지는 어렵지 않게 도달할 것 같다. 그때까지 교육 인프라 및 자국기업의 성장이 이루어지지 않는다면 그 이상의 성장은 어렵지 않을까 하는 것이 개인적인 판단이다. 한마디로 태국처럼 되는 것이다. 해외진출을 모색하려면 이 모든 면을 두루 검토해야 한다.

베트남이 기회의 땅임을 발 빠르게 간파해 이미 원조사업 및 대규모 차관제공을 시작한 나라가 있다. 바로 일본이다.

베트남에서 일본국제협력기구, 즉 자이카JICA의 활약상을 보면서 새삼 놀랐다. 베트남의 기반사업을 다 깔아주고 있기 때문이다. 일본 정부는 ODAOfficial Development Assistance(공적개발원조)를 우리보다 훨씬 오래전부터 해왔다. 그 일환으로 하노이에 공항을 지어주고, 공항에서 시내까지 들어가는 8차선 도로를 냈다. 그것을 기념해 이 도로에는 베트남 국기와 일본 국기가 나란히 걸려 있고, 공항에는 일본 면세점이 특별히 들어와 있다.

이것 말고도 하노이에는 모노레일을 설치해주고 있다. 시공사가 한국 건설사여서 반가웠는데, 알고 보니 자금은 다 일본에서 나온 것이었다. 모노레일이 지나는 인근의 땅도 진즉 일본 기업이 다 작업을 끝내놨다는 소문이 파다하다. 베트남 사람들은 모노레일이 가진 파괴력을 아직까지 잘 모르고 있다. 경험해본 적이 없기 때문이다.

그런가 하면 최근 하노이에 2개의 대규모 쇼핑센터가 앞서거니 뒤서거니 문을 열었다. 하나는 한국의 유명 백화점이 마트 및 호텔과 함께 연 것이고, 다른 하나는 일본의 쇼핑체인인 AEON이 연 것이다. 그런데 흥미롭게도 둘의 입점형태가 극명하게 다르다. 한국의 백화점은 시내 중심가에 자리 잡았고, 일본의 AEON은 중심가에서 족히 10km는 떨어진 허허벌판에 세워졌다. 한국 백화점이 왜 시내에 입점했는지 나는 전혀 모른다. 내 마음대로 추정해보면 아마도 자가용보다 오토바이를 이용하는 하노이 시민들에게 너무 먼 곳은 접근성이 떨어질 것이라 판단하지 않았을까 싶다.

그런데 시내는 이미 땅값이 높다. 그리고 대부분의 소유주가 하노이시 정부가 아니라 개인이다. 물론 정부가 투자를 유치하기 위해 중재를 해주었겠지만 높은 땅값은 결국 투자비를 높이는 결과로 이어진다. 시내에서는 넓은 땅을 확보하기도 어렵고 투자비도 높기 때문에 한국 백화점은 좁은 땅을 효율적으로 사용하기 위해 고층빌딩을 지어 1~6층을 백화점으로, 그 위를 호텔과 고급 레지던스로 채웠다.

반면 일본의 AEON은 시내에서 떨어진 곳에 3층짜리 대규모 쇼핑몰을 만들었고, 그 주변을 AEON 타운으로 조성중이다. 내가 하노이시 정부 관계자에게서 들은 바에 의하면 AEON이 입점한 곳은 하노이시 정부의 땅이었기 때문에 AEON의 투자비는 상대적으로 매우 낮았고, 토지 임대료와 임대기간 등의 조건이 한국 백화점보다 훨씬 좋았다고 한다. 반면 한국 백화점이 영업을 잘해서 주변 땅값이 높아지면 임대료가 당연히 높아질 것이고, 이는 수익감소로 이어지거나 임대료 인상 요구가 수용하기 어려울 정도면 영업을 그만둬야 할 일도 생긴다.

그래도 나는 당연히 우리나라 기업이 만든 백화점이 더 잘되길 기대한다. 기업의 이윤이 실제로 얼마나 되는지는 모르지만, 겉으로 보기에는 안타깝게도(?) 일본의 쇼핑몰이 더 활기차다. 중심가에서 멀리 떨어졌는데도 주말이면 발 디딜 틈이 없을 정도다. 왜일까?

내가 보기에 두 기업은 베트남 인구에 대한 이해수준이 달랐던 것 같다. 베트남 사람들은 앞서 말한 대로 젊고 집집마다 어린 자녀들이 있다. 넓고 쾌적한 데다 유모차까지 제공해주는 쇼핑몰은 그야말로 가족의 놀이터다. 오토바이로 이동하는 데 익숙한 하노이 사람들에게 10~15km 정도는 아무것도 아니다. 또 자가용도 급격히 늘고 있다. 혹자는 백화점은 고급 브랜드이기 때문에 시장이 같을 수 없다고도 말한다. 이는 더더욱 베트남 사람들을 모르는 말이다. 베트남 부자들은 명품쇼핑을 백화점에서 하지 않는다. 해외에 가든지 딜러들이 직접 집으로 찾아오는 것을 선호한다.

일본 기업들이 베트남에서 거두는 성과의 상당 부분이 국제원조와 기업의 투자를 연계시킨 자이카의 작품일 것이다. 코이카도 이들처럼 국가 차원에서 해외투자 전략에 도움이 될 수 있는 장을 만드는 데 기여해야 한다. 그런 다음 젊은이들이 해외에서 일할 수 있도록 기회를 만들어야 한다.

중국도 이런 활동을 활발히 하고 있다. 2015년 초에 오바마 대통령이 아버지의 고향 케냐를 방문한 후 에티오피아로 갔다. 2009년부터 에티오피아를 비롯한 아프리카의 최대 교역국이 된 중국을 견제하기 위해서였다.

에티오피아는 아프리카에서 경제발전 속도가 가장 빠른 국가로, 1인당 GDP가 2010년 약 400달러에서 2014년 약 570달러로 상승했다. 이것이 가능했던 데에는 중국의 기여가 크다. 에티오피아에 건설된 도로며 지금 올라가고 있는 건물의 상당수가 중국 원조로 진행되고 있다. 단적인 예가 2015년 운행을 시작한 수도 아디스아바바의 도시전철 프로젝트다. 중국은 이 프로젝트를 전적으로 원조하면서 심지어 인력도 공급했다. 일전에 아디스아바바에 가족계획 사업차 방문한 적이 있었는데, 그곳에 중국인이 6만 명이나 살고 있다는 사실을 알고 깜짝 놀랐다. 일하러 왔다가 정착한 사람들이었다. 에티오피아만 그런 것이 아니라, 아프리카의 웬만한 기간사업은 다 중국이 진행한다. 이 프로젝트들이 완료되면 그 도로를 타고 중국 기업들이 들어올 것이다. 이러한 중국의 활약상에 긴장한 오바마 대통령이 안 되겠다 싶어서 에티오피아로 날아간 것이다.

이들처럼 우리도 해외원조 투자를 확대해야 한다. 아직은 우리 사정이 괜찮을 때 무상원조도 하고, 차관도 주고, 돈 받으면서 하는 사업도 더욱 활발히 추진해야 한다. 그런데 실제로는 어떤가. 어떻게든 돈을 아끼려고만 한다. 젊은이들이 해외에 나가서 활동할 수 있도록 하려면 이들에게 충분한 급여를 주고 해외 현지에서 사업을 일으키고 정착할 수 있는 시스템을 만들어주어야 한다. 그러면 이들이 훗날 한국기업이 진출하는 데 중요한 네트워크가 될 수 있다.

그런데 실정은 정반대다. 코이카 사업으로 해외에 나가 있는 인력들에게 급여로 지출되는 예산은 어떻게든 줄이려 하면서 열정만 요구한다. 그야말로 '열정페이'다. 국가가 이렇게 중요한 일을 하는데 마땅히 사명감을 갖고 나서라는 식이다. 그나마 그렇게 해외에서 태극마크를 품고 2~3년 일하고 나면 다음에 할 일이 있어야 하는데, 아직 그런 지원 시스템이 없다. 스스로 살 길을 찾지 못하면 다시 한국에 돌아와야 한다. 당연히 한국에 돌아오면 본인 인생을 스스로 살아야 한다. 개인적으로나 국가적으로나 이런 낭비가 어디 있는가.

이런 낭비를 막기 위해서라도 인구정책에는 국가의 역할이 정말 중요하다. 국가가 마인드가 있다면 똑똑해도 취업하지 못한 젊은이들이 해외에서라도 기회를 찾을 수 있도록 해줘야 한다. 대통령 말대로 중동에라도 가게 해야 한다는 것이다. 단, 혼자서는 채널을 만들기 어려우니 국책사업을 활발히 해서라도 체계적으로 보내는 방안을 마련해줘야 한다. 당연히 급여도 충분히 지급하면서 말이다. 더 많은 젊은이들이 해외에서 기회를 찾고 그곳에서 자신의 사업을 일으킬 수 있도록 지원하는 방안이 절실하다.

인구문제를 풀어갈 골든타임은 길지 않다.
정부와 민간, 개인의 지혜와 결단이 모이지 않으면
우리는 이웃나라 일본이 밟아왔던
인구쇼크를 뒤따르게 될 것이다.
아니, 우리의 현실은 지금의 일본보다 더 심각하다.
오늘의 위기를 이겨내고 안정을 찾기 위해서는
어떤 대안이 마련되어야 하는가?

작고 안정적인 한국을 준비하자

Chapter 5

지금까지 우리나라에서 일어나는 다양한 인구현상을 살펴보았다. 그렇다면 10년 후에는 대한민국이 도대체 어떻게 된다는 것인가?

일단 매년 출생하는 인구는 35만 명 선에 그칠 것이다.

인구 자체도 줄어들지만, 산업을 견인할 젊은 두뇌들은 더욱 줄어들 것이다. 4장에서 다문화 사회가 되기 어렵고 해외 인재를 유치하기는 더더욱 어려운 우리나라의 상황을 언급했지만, 사실 그보다 시급한 현안은 우리나라의 젊은 두뇌들이 해외로 빠져나가는 것이다. 나라가 발전하려면 양질의 노동자, 특히 과학자가 많아야 하는데 이들이 부족해질 것이다. 삼성이건 현대건 LG건 SK건 우리나라의 대표적 기업들은 과거 과학자들의 기술을 기반으로 성장했는데 이들의 수급이 쉽지 않게 될 전망이다. 마찬가지로 숙련공 수급도 어려워질 것이다. 젊은 인력만 선호하던 한국의 제조업체가 본국으로 돌아간 외국인 노동자를 다시 불러들이는 이유도 한국인 숙련공이 부족하기 때문이다.

오를 대로 오른 부동산은 조만간 떨어질 수밖에 없고, 그렇게 되면 내수도 영향을 받는다.

일례로 보험회사는 고용에 엄청난 기여를 하고 있다. 그런데 요즘 들어 설계사들이 줄고 있다. 각 생명보험사에 소속된 설계사들을 모두 합하면 2015년 말에 약 10만 2000여 명이었는데, 이는 2012년에 비해 약 12% 줄어든 수치다. 그뿐 아니라 설계사들도 고령화되고 있는데, 2007년에서 2015년 사이에 30대 설계사의 비중은 38.5%에서 20.3%로 줄어든 반면, 50대 설계사의 비중은 12.0%에서 29.0%로 증가했다.[20] 이 말은 곧 새로 유입되는 설계사도 없다는 뜻이고, 또 신규 고객도 없다는 말이다. 생각해보라. 보험회사로서는 젊은 사람이 많이 가입해야 이익인데, 젊은 사람들이 연장자에게 편하게 상담하기는 한국 정서상 쉽지 않다. 이것저것 묻고 따져보려니 괜히 죄송하고, 불편하니 상담이 안 되어 상품이 안 팔린다. 비단 나이 때문이 아니라도 젊은이들은 보험에 가입할 여력 자체가 별로 없다.

내수가 위축되면 기업은 살길을 찾아 해외로 빠져나가게 된다. 탈脫 대한민국의 엑소더스가 일어나는 것이다. 예컨대 당신이 보험회사 사장이라고 생각해보라. 보험을 신규로 가입해줄 사람은 급격하게 줄고, 대신 보험금을 청구할 사람은 급속도로 증가할 것이다. 게다가 그동안 수익을 높여준 건강관련 특약이 곧 부메랑으로 돌아와 보험금 청구액을 기하급수적으로 높여놓을 것이다. 상황이 이러한데 한국에만 안주해서는 살 방법이 없다. 해외투자를 통해 새로운 시장을 개척해야 한다. 의외의 기회가 저 너머에서 손짓하고 있는데 한국을 고집할 이유가 없다. 그러면서 국내 취업은 더욱 어려워지고….

이런 일들이 벌어진다. 도대체 나쁜 일투성이다. 이것 말고 좋은 일은 정말 일어나지 않을까? 열심히 따져보니 좋은 일이 있다. 대학입시! 수요-공급 원칙이나 ROI 개념으로 생각하면, 이제 대학입시에 가정의 소득과 시간을 쏟아부을 필요가 없다. 그렇게까지 하지 않아도 대학에 갈 수는 있으니. 오히려 대학이 학생을 모셔가야 할 형편이다.

또 하나, 생애주기의 다양성이 증가할 것 또한 긍정적 변화다.

한 세대의 인구가 너무 많으면 서로 경쟁하느라 다른 데 신경 쓸 여력이 없다. 예컨대 우리나라 '58년 개띠'들이 힘들었던 이유는 인구가 갑자기 많아져서다. 사회적 인프라나 고용시장은 그대로인데 사람만 많아졌으니 학교 가는 것도 경쟁, 취업도 경쟁, 결혼도 경쟁이었다. 그러면 어쩔 수 없이 획일화된 삶을 살게 된다. 똑같이 18세에 고등학교를 졸업해서 대학에 진학하고 20대 중반에는 취직해야 했다. 취직하면 곧장 결혼해서 서른 전에 아이를 낳고 내 집 마련에 매진해야 했다. 온 국민이 이 경로를 따라 살았는데, 인구가 줄어들면 획일화된 경쟁에서 벗어나 다양성이 구현될 수 있다. 이제는 개인이 자기 뜻대로 생애주기를 결정하는 비율이 높아질 것이다.

물론 제품을 만드는 기업 입장에서는 이 또한 골치 아픈 일인지 모른다. 기업으로서는 소품종 대량생산 체계가 간단하고 비용도 적게 들었는데, 이제는 과거와 같은 양산체제를 기대하기 어렵다. 규모의 경제에 기대던 방식에서 벗어나 저마다의 독특하고 까다로운 취향에 부응하는 다품종 소량생산 체제로 체질을 개선하는 작업은 이미 진행 중이고, 인구변화를 타고 앞으로 더욱 가속화될 것이다.

일본과 같은 연착륙은 가능한가?

———————————————————— 인구문제가 대두될 때마다 우리가 예상 시나리오로 삼는 대상이 있다. 이웃나라 일본이다. 우리가 일본의 인구현상을 따라가고 있으니 그들이 지금 겪는 현상이 내일 우리의 현실이 될 수 있다는 뒤늦은 경각심이다.

글쎄, 그들처럼 되면 어쩌냐고 언론에서는 목소리를 높이는데, 내가 보기에는 오히려 일본처럼 되기만 해도 다행일 것 같다. 일본은 인구문제가 심각했던 것에 비하면 그나마 잘 버티며 웬만큼 안정세를 찾아가고 있다.

2014년에 일본의 65세 이상 고령자 비중은 이미 26%를 넘어섰다. 4명 중 1명이다. 결코 좋다고는 할 수 없는 상황임에도, 일본은 그럭저럭 사회를 지탱하며 유지하고 있다. 그들을 보며 우리 미래에 희망을 갖는 이들도 있다. 일본이 저렇게 버티고 있으니 고령자 인구가 25% 수준이 될 2030년 경의 우리나라도 지금의 일본처럼 경제적으로나 사회적으로 붕괴 수준의 참사는 일어나지 않으리라는 기대다.

그러나 그렇게 낙관할 근거가 없다. 일본과 우리나라는 기초체력이 다르다. 일본은 GDP 규모로 세계 3위의 경제대국 아닌가. 또한 국제사회에 발휘할 수 있는 힘이 한국보다 강력하다. 일본은 자본주의 연습을 우리보다 훨씬 일찍 시작했다. 식민지지배를 하면서 그들은 150여 년 전부터 해외에서 기업 활동하고 투자하는 훈련을 해왔다. 그들이 국제사회에 미치는 영향력과 지위는 여기에서 나온다.

여기에 더해 결정적으로 중요한 점이 있다. 그들이 인구변화를 겪을 당시 우리나라와 중국, 대만 등 이웃국가는 젊었다. 일본과 활발히 교역하는 이웃나라들이 젊었으므로 일본 제품을 많이 사주었다. 수출입뿐 아니라 내수시장도 1억 2000만 명의 인구가 버텨주고 있으니 우리보다는 사정이 좋다.

해외에 나가보면 일본의 저력을 더 실감할 수 있다. 메이드인재팬Made in Japan 제품이 어디에나 있다. 그냥 메이드인재팬이 아니라 절대적 혹은 대체 불가한 베스트셀러들이다. 베트남이나 인도네시아처럼 오토바이를 많이 타는 나라에서는 흔히 오토바이를 제조사와 관계없이 '혼다'라 부른다. 혼다라는 일본 브랜드가 제품을 일컫는 보통명사화된 것이다. 그뿐인가, 전 세계 어디를 가든 가장 많이 보이는 자동차 브랜드는 도요타다. 자동차는 내구재라 한 번 사면 오래 사용한다. 대신 시시때때로 부품을 교체해야 하는데, 그 부품은 어느 나라 제품이겠나. 당연히 일본 제품이다. 일본 제품의 수요가 계속 창출되는 구조가 이미 잘 만들어져 있다.

이처럼 일본은 나라 밖에 새로운 돌파구를 찾았기에 저출산·고령화의 위기를 그나마 지금과 같은 수준으로 견딜 수 있는 것이다.

반면 우리는 어떤가. 일본의 2015년에 비견할 만한 한국의 2030년은 어떤 모습일까.

일단 내수만으로 버티기에는 시장이 작다. 2015년 현재 일본의 인구는 1억 2700만 명이고, 이 중 일도 하고 소비도 해주는 15~64세 인구는 약 7700만 명이다. 2030년 우리나라의 전체 인구는 현재 5000만보다 커진 약 5200만 명이 될 터인데, 이 중 15~64세 인구는 많아야 3300만 명 정도가 될 것으로 전망된다. 고령자를 제외한 실질적인 내수시장 규모에서 이미 비교가 안 된다.

결국 일본이 현재 하고 있다시피 우리도 해외시장에 대한 의존도를 높여갈 수밖에 없다. 그런데 2030년이 되면 현재 우리나라의 가장 큰 교역국인 중국의 인구구조에도 변화가 생기지 않겠나. 전체 중국인구 가운데 고령인구가 차지하는 비중이 더 커질 것으로 예측되고 있다. 일본은 고령자 비중이 30%를 넘은 상태일 것이고, 이렇게 주변국의 인구가 다 같이 늙어가면 지금과 같은 교역을 그들과 이어가기는 쉽지 않을 것이다.

여기에 본질적으로 우리 기업의 경쟁력에 대해 냉정하게 판단하지 않을 수 없다. 과거 삼성 이건희 회장이 일본과 중국 사이에 낀 '샌드위치론'을 설파해 위기감이 고조되었는데, 그런 양상이 점점 심해질 것이기 때문이다. 이미 적지 않은 분야에서 '메이드인재팬'은커녕 '메이드인차이나Made in China'에도 밀릴 판이다.

2013년 처음 베트남에 갔을 때 이곳 사람들은 막 스마트폰을 사용하기 시작했는데, 대개 삼성 갤럭시나 애플의 아이폰 중 하나를 쓰고 있었다. 가격이 비싸도 시장에 나와 있던 스마트폰이 이 둘밖에 없었기 때문이다. 지금은 그때보다 훨씬 많은 사람들이 스마트폰을 쓰는데, 상당수가 아이폰이다. 원래 아이폰을 쓰던 사람은 계속 아이폰을 사고, 갤럭시를 쓰던 사람도 새롭게 폰을 구입할 때는 아이폰을 산다. 더러 아이폰으로 갈아타지 않은 사람들도 고가 브랜드인 갤럭시를 사는 게 아니라 10만 원 정도하는 중국 폰을 산다. 우리가 알고 있는 샤오미나 화웨이도 아닌, 이름도 생소한 오포Oppo 폰이나 비보Vivo 폰인데 가격 대비 성능이 매우 좋으니 만족하며 사용한다.

갤럭시가 이들에게 새롭게 어필할 수 있을까? 삼성이 스마트폰 조립공장에서 12만 명의 베트남 사람들을 고용해주고 있으니 우리 제품을 써달라고 해야 할까?

스마트폰만의 문제가 아니다. 자동차는 대책이 있나? 지금은 중국 자동차가 미국에 진출하지 못하고 있지만 해외시장에 본격 진출하게 되면 여파가 상당할 것이다. 이미 중국 트럭과 버스는 동남아시아 일대에서 기존의 한국 트럭을 대체해가고 있다. 이 와중에도 고급차 시장이 주력인 유럽차와 그 바로 아래 시장을 공략하는 일본차는 명맥을 유지할 것이다.

이처럼 2030년이 되었을 때 한국은 일본이 누렸던 상대적 이점을 거의 가지지 못한 채 인구변화의 여파를 맞아야 한다. 우리가 이런 악조건을 뛰어넘을 수 있을까? 일본처럼 지속 가능sustainable할까? 낙관하기 쉽지 않다.

여성들이 아이를 더 낳게 하려면

———————————————— 인구현상에 관한 흥미로운 설명 중 하나로 인구변천 이론The Demographic Transition Theory이 있다. 인구증가에는 일정한 패턴이 있다는 것이다.

출산율과 사망률을 그래프로 그려보면, 국가가 발전하기 전에는 출산율과 사망률 모두 높아서 인구가 증가하지 않는다. 그러다 사망률이 먼저 떨어지고, 출산율은 나중에 떨어진다. 그사이에 인구가 갑자기 증가한다. 대다수의 개발도상국들이 이 단계에 해당한다. 그 후 출산율도 낮아지면 인구증가율이 뚝 떨어진다. 우리나라가 지금 이 단계에 들어와 있다. 그다음은 어떻게 될까? 기대수명도 더 높아지겠지만 출산율은 더 낮아져서 인구증가율은 더 떨어지고, 더러는 인구가 줄어들 수도 있다.

기대수명을 낮출 수는 없으니, 국가가 인구를 늘리기 위해 인위적으로 취할 수 있는 방안은 외국인의 유입을 늘리거나 출산율을 높이는 것이다. 실제로 우리나라 정부가 현재 내놓는 인구정책의 상당 부분이 출산율을 높이는 것이다. 앞에서 해외인구 유입이 쉽지 않은 이유는 충분히 살펴보았으니, 여기서는 출산율 제고에 대해 생각해보자.

어쩌다 한국은 저출산 국가가 되었나

크건 작건 출산규모의 변동을 겪지 않는 나라는 없다. 다만 속도, 수준, 시작 시점에 차이가 있을 뿐이다. 우리가 물어야 할 질문은 이것이다. '왜, 언제, 어떻게 출산율이 변화했는가?' 우리가 알고 싶은 것도 이것 아닌가. 어쩌다 우리가 이처럼 초저출산 국가가 되었는지. 알아야 정책이 나올 테니 말이다.

우리나라의 대표적인 인구정책은 물론 가족계획이다. 가족계획은 출산을 직접 결정하는 요인들을 관리함으로써 출산을 통제한다는 발상으로, 앞서 소개한 맬서스의 기본 개념을 바탕으로 하고 있다.

그렇다면 출산은 무엇에 의해 결정되고 조절되는가? 물론 경제상황이나 문화와 같은 구조적 특성들에 의해서도 출산율이 결정된다. 하지만 출산은 결국 개인들이 하는 것이고, 출산이 이루어지기까지의 전 과정에서 취하는 개인들의 행동, 즉 성경험 및 수정 그리고 임신기간 중에 취하는 모종의 조치 등에 의해 출산이 결정된다. 이를테면 피임이나 낙태, 금욕 등이다.

이러한 발상에 근거해 우리나라 정부는 1960~89년까지 강력한 가족계획을 추진했다. 이상적인 자녀 수도 국가가 정했고, 임신에 대한 지식 등도 일방적으로 주입했다.

그 후 1990년대 중반까지는 수도권 인구과밀 문제를 해소하고자 서울로 인구가 들어오지 못하도록 하는 데 집중했고, 1990년대에는 남아선호사상을 없애려 노력했다. 우리나라 성비는 1970년에 여자 100명 대비 남자 109명으로 왜곡되기 시작해 1990년 116명으로 정점을 찍었다. 안 그래도 뿌리 깊은 남아선호사상에 산아제한 정책이 맞물린 결과였다.

잘 알려졌다시피 생물학적 성비는 105~106명 수준이다. 이 성비가 저절로 왜곡될 리는 없으니, 결국 성감별을 통해 여아를 낙태했다는 결론이 된다. 'lost' 혹은 'missing girls'라 표현되는 여아살해는 비단 우리나라만이 아니라 남아선호사상이 강한 아시아 국가에 만연한 문제다. 중국은 1982년에 한 자녀 정책을 편 이후 극심한 성비 불균형을 보였다. 정상적인 성비와 비교해 추산해보면 1982년 이후 2000년까지 태어나지 못한 여자아이가 3500만 명에 이른다는 보고도 있다.[21] 실제로 2010년 인구조사 결과 20세 미만 인구 중 남자가 여자에 비해 3200만 명이 더 많은 것으로 나타났다.[22]

3500만에 이르는 성비 불균형이 일어나면 사회에 어떤 일이 벌어질까. 인구학자들은 남자가 많아지면 사회가 공격적이 될 수밖에 없다는 데 의견을 같이한다. 일각에서는 최근 우리나라에 유독 '여성혐오'라는 표현이 많아지는 이유가 여기에 있다고 주장하기도 한다. 가부장제 사상에 물든 기성세대가 주도하는 여성비하가 아니다. 상대적으로 남성우월 사상이 약할 것이라 예상되는 20~30대 젊은 남성들 사이에 여성에 대한 반감이 크고, 폭력으로 이어지는 경우도 생기고 있다. 이들 중 대다수가 우리나라에서 남아선호사상이 극에 달했던 1990년대에 태어났다는 것이 단순히 우연만은 아니라는 주장이다.

이 주장이 타당하다면 이런 가설을 세워볼 수 있다. 여성이 절대적으로 부족해 비자발적으로 결혼을 포기하는 남성이 생긴다. 여기에 성매매가 불법화되면서 음성적으로 거래되는 성매매 가격이 치솟았다. 젊은 남성들로서는 합법으로든 불법으로든 성에 대한 접근성이 뚝 떨어진 것이다. 그에 대한 반작용으로 동영상에 빠지거나 성범죄라는 폭력적 행위를 저지르는 이들이 나타나기도 한다. 이런 가설이다. 한편으로는 성 산업이 음성화되면서 보건당국의 관리대상에서 제외되다 보니 HIV 같은 질병에 노출될 위험도 커지고 있다.

그 후 2000년대 들어서는 인구구조가 급변함에 따라 저출산을 극복하기 위해 다양한 정책을 펴고 있다. 우리나라뿐 아니라 현재 많은 국가의 출산정책이 목표로 하는 것은 '재생산 가능한 수준'의 출산율을 유지하는 것이다. 2명이 만나 아이를 낳고 대를 이으니 상식적으로 적정출산율은 2가 된다. 여기에 생물학적으로 성인이 되기 전에 사망하는 경우를 감안해야 하므로 적정 출산율은 통상 2.08~2.1로 본다.

그러나 합계출산율만 보고 재생산 가능한 인구수준을 유지할 수 있는지 정확히 판단하기란 쉽지 않다. 합계출산율에는 남자아이도 포함되는데, 출산에서 사실 남자는 중요하지 않기 때문이다. 설령 합계출산율이 2.1을 넘더라도 사회에 남아선호사상이 팽배해 온통 남자아이만 낳는다면 인구는 증가할 수 없다. 아이를 낳을 여자가 없으니. 우리나라나 중국이 현재 딱 이 상황이다.

여성의 사회참여가 출산율을 떨어뜨린다?

여러 차례 언급했지만 나는 우리나라 가족계획이 훨씬 빨리 끝났어야 했다고 생각한다. 나뿐 아니라 인구학자들 사이에 가족계획은 비판의 대상이 되곤 한다. 가족계획을 실행한 성공사례도 별반 없을 때 근거도 없이 시행했고, 고령화를 고려하지 않은 바람에 중단할 시기를 놓쳤다는 아쉬움이 있다.

게다가 기존의 가족계획 프로그램은 개인의 건강에 대해서는 신경 쓰지 않은 채 오로지 '숫자'만 따졌다. 집단이나 개인이 가진 특수성이 있는데, 그것은 무시하고 무조건 아이를 줄이라고만 했던 것.

산아제한의 대상과 주체는 주로 여성이었다. 출산을 통제하려면 성관계 시, 수정 시 또는 임신기간 중 조치를 취해야 하는

데, 여기에는 사실상 남자가 전혀 중요하지 않다. 그래서 모든 통제는 여성을 대상으로 했다. 이는 애초에 여성이 출산에 절대적인 존재이기 때문인데, 이 인식이 지나친 나머지 '원하는 출산'을 못할 경우 모든 비난을 여성이 받는 일도 허다했다. 옛날에 아들 못 낳는다고 소박맞은 며느리 이야기가 흔했던 것만 봐도 알 수 있다. 지금은 그런 인식이 많이 사라졌지만 과거에는 아이를 못 낳아도, 아들을 못 낳아도 여자 탓이었다. 아이가 건강하게 태어나지 않아도 여자 책임이고. 심지어 피임의 책임도 여자가 졌다. 남성이 피임에 참여하기 시작한 것은 에이즈 공포가 세계를 휩쓴 1980년대 이후의 일이지만, 지금도 한국은 남성이 피임하기보다는 여성이 경구피임약을 복용하는 경우가 더 많다.

여기에 가족계획에 관한 본원적인 문제제기도 있었는데, 국가가 무슨 근거로 출산에 관한 개인의 자유와 권리를 통제하는가에 대한 논란이었다. 개인 차원에서는 국가가 자신의 아이 낳을 권리를 침해하는 것이고, 국가 차원에서는 선진국이 개발도상국이나 후진국의 아이 낳을 권리를 침해하는 것이었다. 전 세계적으로 볼 때 가족계획은 유색인종 국가에서 주로 시행되었다. 가족계획 아이디어가 실행되기 시작한 1960년대에 백인들의 출산율은 이미 낮아지고 있었기에 굳이 산아제한을 할 필요가 없었던 것. 즉 백인들은 그 전에 이미 낳을 만큼 다 낳았고, 그러고는 인구가 많다며 아시아나 아프리카의 개발도상국에 가족계획을 강요한 셈이다.

이렇듯 '가족계획에 인간의 존엄성과 기본권은 어디에 있는 가'라는 비판이 1980년대 중반부터 제기되었다. 그 즈음 본격적으로 연구되기 시작한 여성학에서도 가족계획을 중요한 주제로 다루었다. 1994년에 이집트 카이로에서 열린 국제인구개발회의ICPD는 가족계획과 여성의 권리에 관한 열띤 토론이 벌어진 장場으로, 일명 '낙태 회의'라 불릴 정도로 낙태허용 문제를 둘러싼 논쟁이 치열했다.

그 결과물인 카이로 선언은 '가족계획에서 가장 중요한 것은 여성의 권한'이라 공식화했다. 우리나라는 이미 출산율이 많이 떨어진 상태여서 영향이 미미했지만, 세계적으로 선언의 여파는 상당했다. 여성이 원하는 자녀 수와 피임방법을 선택할 수 있도록 해야 한다는 것으로, 여기에는 여성의 교육이 더욱 강화되어야 한다는 전제조건이 있었다.

출산이 어떻게 결정되는지 보는 지표 중 하나로 HDI, 즉 인간개발지수Human Development Index라는 것이 있다. UN개발계획UNDP이 각국의 교육수준, 1인당 국민소득, 평균수명, 여성의 사회참여 등을 조사해 전반적인 삶의 질을 평가하는 지수다. 이를 보면 그 사회가 경제적인 수준 외에도 얼마나 '인간적'인 면에서 발전했는지 알 수 있다. 한마디로 그 사회의 삶의 질이 얼마나 높은지 보여주는 지표다.

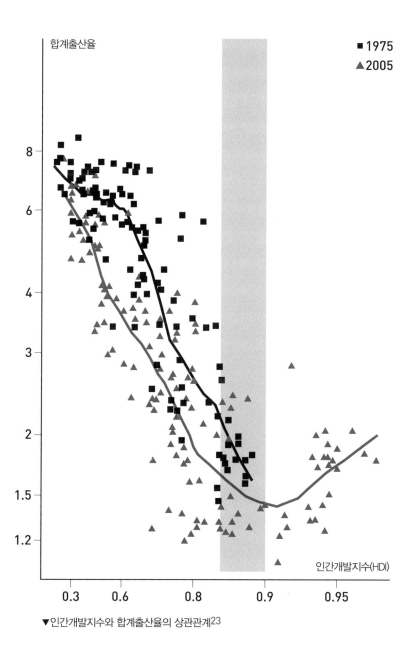

합계출산율

- ■ 1975
- ▲ 2005

8

6

4

3

2

1.5

1.2

인간개발지수(HDI)

0.3　　0.6　　0.8　　0.9　　0.95

▼인간개발지수와 합계출산율의 상관관계23

이 지수와 합계출산율의 상관관계를 그래프로 그려봤다. 227쪽 그래프의 1975년 분포를 보면 HDI 지수가 높을수록 출산율이 떨어진다. 잘살수록 출산율이 낮아진다는 우리의 통념에 부합하는 흐름이다.

그런데 우리가 눈여겨보아야 할 지점이 있다. 2005년의 그래프에 HDI 지수와 출산율이 모두 높은 나라가 나타난 것이다. 반등의 지점은 'HDI 0.9'였다. HDI가 0.9를 넘어서는 순간 출산율이 다시 오를 수 있다는 가능성을 보여준 것이다.

과거에는 삶의 질이 0.9 이상 높은 나라가 없었기에 잘살면 아이를 덜 낳는다는 '반쪽의 진실'만 나타났는데, 사회 구성원들이 인간적으로 행복한 삶을 영위하면 아이도 많이 낳게 된다는 나머지 진실이 드러난 것이다. 결국 저출산 문제를 풀기 위해서는 인간의 삶의 질을 높여야 한다는 결론이 나온다.

의미심장한 점은 HDI 지수 안에 여성들의 교육이나 사회참여 등 여성의 처우에 관한 항목이 다수 포함돼 있다는 사실이다. 즉 여성의 전반적인 처우를 개선하면 출산율이 올라갈 수 있음을 시사한다.

실제로 OECD 주요국의 경우 여성고용률과 출산율은 0.317의 상관관계를 보였다. 여성고용률이 높은 나라가 출산율도 높다는 뜻이다. 저출산 대응에 성공한 사례로 알려진 스웨덴의 경우, 여성 경제활동참가율(2009년 70.2%)과 출산율(2010년 1.94명) 모두 높은 수준으로 유지되고 있다.

유럽에서는 1970~80년대에 출산율이 급격히 떨어진 바 있다. 이에 1984년에 유럽의회는 '모든 회원국에 공통되는 인구 감소 추세에 대처하기 위한 조치Measures to Combat This Marked Trend Towards Population Decline, Which Is Common to All the Member States'에 관련된 결의안을 통과시켰다. 그럼에도 출산율이 눈에 띄게 높아지지 않자 유럽위원회The Official Communication from the European Commission는 개인이 자녀를 낳기로 결심하는 데 장애요인이 있기 때문에 저출산이 개선되지 않는다는 지적을 받아들였고, 이를 공공의 책임으로 해결해야 한다고 인식하기 시작했다. 고용 불안, 높은 집값, 육아휴직이나 보육비 등의 인센티브가 부족한 점 등이 주로 거론된 출산의 '장애요인'이었다. 그 후 양성평등에 기반을 둔 휴가제도, 잘 정비된 공보육제도, 육아의 사회화 등 출산과 양육이 직장생활을 하는 데 걸림돌이 되지 않도록 제도를 꾸준히 정비해온 결과 출산율이 다시 올라가는 결실을 맺었다.

우리나라 15~64세 여성의 경제활동참가율은 2012년 기준 55.2%로, OECD 회원국 평균인 62.3%보다 낮다. 남성의 대졸자 경제활동참가율은 92.4%로 OECD 평균인 91.7%보다 높지만, 여성 대졸자는 62.4%로 OECD 평균인 82.6%에 훨씬 못 미친다.[24] 한국 여성의 경제활동을 보면 30대 중반을 기점으로 참가율이 뚝 떨어지는 M자형 그래프를 그리는 것이 특징이다. 출산과 육아로 직장을 그만둔 여성이 그만큼 많다는 뜻이다.

한국 여성들이 OECD 평균에 훨씬 못 미치는 사회활동을 하는데도 그동안 우리나라에서는 여성의 교육수준이 높아지고 사회참여가 많아지면서 출산율이 떨어졌다는 인식이 상식처럼 받아들여졌다. 그렇다면 출산율을 높이려면 여성들의 배울 기회와 사회참여를 낮춰 과거로 되돌려야 할까? 그렇지 않다. 우리 사회의 발전수준은 이미 그 정도는 넘어섰다. 오히려 여성에게 더 많은 기회와 권리를 주어야 출산율이 올라간다. 여성, 특히 워킹맘들이 일과 가정생활을 양립할 수 있는 제도를 마련하는데 저출산 문제를 푸는 열쇠가 숨어 있다.

인구대책, '복지'가 아닌 '투자'여야 한다

———————————————————— 한국은 그동안 세계에 인구정책 모범국가로 인식되어왔다. 그러나 최근 저출산 고령화가 보인 민낯은 우리의 인구정책이 그다지 모범적이지 않았음을 시사한다. 한국의 인구학자로서 해외에 인구정책 자문을 하게 될 때가 있는데, 안타깝게도 한국의 사례를 모범사례가 아닌 반면교사로 소개해야 하는 경우가 생긴다.

2015년부터 인구정책 자문을 하고 있는 베트남은 인구문제에 기대 이상으로 체계적으로 접근하고 있다. 2017년에 인구법이 예정돼 있는 등 정부가 인구정책에 관심이 많고 적극적이다. 게다가 신중하다. 원래 인구법을 2015년에 완성하기로 했지만 정확한 정책 근거가 없다는 이유로 2년이나 연기할 정도다. 근거가 없어도 일단 추진했던 우리나라와는 매우 다른 양상이다.

현재 베트남은 가족계획이 정착되어 10여 년간 2명씩 아이를 낳았는데, 이제 출산율이 2명 이하로 떨어지는 지역이 생기기 시작했다. 저출산의 조짐이 나타난 것이다. 그래서 산아제한 정책을 폐지할지, 수정 보완할지 결정하여 2017년부터 적용할 것이다.

최종 결론이 어떻게 날지는 그들의 선택이다. 다만 시행령이 없어진다고 해서 관심도 없어지면 안 된다. 정책이 폐지된다고 예산이 없어지거나 담당 부서가 사라지면 안 된다는 말이다. 베트남에서 가족계획을 주관하는 부서는 보건부 산하에 있는 인구 및 가족계획국이다. 나는 베트남 정부에 현재의 가족계획은 폐지하거나 축소하고, 인구 및 가족계획국의 조직은 인구국으로 명칭을 변경하여 보건부에서 독립하든지 기획부 산하로 가야 한다고 제안했다. 인구 및 사회발전국 같은 형태로 말이다.

그러면서 내가 그들에게 보여준 근거는 '한국'이었다. 한국이 왜 이렇게 인구문제로 골머리를 앓게 되었는가. 많은 이유가 있겠지만 정부 역할이 부재했던 것이 가장 크다.

한국은 1996년을 끝으로 가족계획을 중단했다. 1983년에 이미 출산율이 2명으로 떨어졌는데도 계속하다가 1996년에 1.6명이 되었을 때에야 그만둔 것이다. 너무 늦게 그만둔 것도 문제이지만, 이때 정책을 폐지하면서 정부조직 내에 인구문제를 볼 수 있는 조직도 사라졌다. 정책과 함께 부서 자체가 없어진 것이다.

인구의 'ㅇ'도 고려하지 않은 상태로 출산율은 속절없이 떨어져 2002년 1.24명이 되었다. 그렇게 안이하게 대응하며 허송세월하다가 그나마 진용이 갖춰지게 된 것은 노무현 정부 들어서였다. 2003년 대통령 직속 사회통합기획단 내에 인구고령사회대책팀을 만들고, 보건복지부 산하에 인구정책과를 신설했다. 과장 1명에 사무관 2명을 둔 조촐한 조직이었다. 그 뒤 2005년에 저출산·고령사회기본법을 마련하고 대통령 직속의 저출산·고령사회위원회를 만들었다. 이미 출산율은 1.08명까지 떨어진 터였다. 정부는 2006년부터 유아교육 및 보육 지원을 골자로 하는 1, 2차 저출산·고령사회 기본계획을 수립했다. 급하게 만들어지는 바람에 허점은 많았지만 그래도 없는 것보다는 나았다.

그런데 2년 후 정권이 바뀌면서 대통령 직속이었던 조직이 보건복지부 산하로 축소됐다. 그러다 정권 말기에 인구문제가 전면에 떠오르자 기존과 같은 대통령 직속위원회를 다시 만들었지만, 제대로 된 결과물 하나 내지 못하고 임기가 끝나버렸다.

그러고 나서 정부가 바뀌어 2015년 말에 이듬해인 2016년부터 시행될 3차 저출산·고령사회 기본계획을 발표했는데 반발이 엄청났다. 출산율 자체를 높이는 데에만 초점이 맞춰져 있었기 때문이다. 일자리 창출 등을 통한 선순환을 일으켜야 하는데, 이런 대책은 여전히 미흡한 상태였다.

정부가 근본적인 해법을 내놓지 못한 채 단기처방에 급급하다 보니 여전히 젊은 사람들은 아이를 낳지 않는 것이 '남는 장사'라 생각한다. 물론 다른 사람들은 많이 낳는 것이 좋다. 훗날 옆집 아이들의 세금으로 내가 부양받아야 하니 말이다. 뻐꾸기는 남의 둥지에 자기 자식을 맡기는데, 지금 우리는 자신을 남의 자식에게 의탁하는 셈이다. 거꾸로 가장 손해 보는 경우는 아이 키우느라 내 소득을 다 쓰고, 잘 키워놨더니 내 자식이 세금 많이 내서 옆집 노인을 부양해주는 것이다.

나 또한 이런 억울함(?)을 실감한 적이 있다. 아이가 없는 내 친구 부부가 3D 심야영화를 보고 와인 한잔씩 했다고 했다. 나도 그 즈음 영화를 보긴 봤다. 어린 딸들을 데리고 애니메이션(그 또한 3D는 3D였다)을 보고, 패스트푸드점에 가서 햄버거를 먹고 왔다. 내가 친구에게 농담 한마디 했다. 넌 정말 세금 많이 내야 한다고. 나중에 우리 아이들이 세금 내고 네 연금 부어줄 테니까. 그랬더니 친구가 응수했다.

"지금 네 딸이 교육받는 거, 내 세금으로 하는 거야."

이것 봐라? 조금 약이 오르면서 말 나온 김에 손익계산을 확실히 해줘야겠다는 생각이 들었다.

"네가 세금 내서 우리 아이들이 교육받는 것과, 우리 애들이 세금 내서 네가 연금 받는 것 중 누가 더 이득이냐? 우리 딸은 기껏해야 12년 교육 혜택을 받는데, 너는 65세부터 죽을 때까지 계속 받을 거 아냐."

생각해보면 이건 정말 불합리한 정책 아닌가? 복잡하게 인구학적 관점까지 따질 것 없이, 개인의 입장에서나 국가의 정책에서 보더라도 가장 불합리하게 배분되고 있는 항목이 복지정책이다. 그리고 내가 보기에 우리나라 저출산 정책의 가장 큰 문제점 또한 '복지'의 프레임에 갇혀 있다는 것이다.

복지정책은 기본적으로 인구가 늘거나 줄지 않고 일정하게 유지된다는 전제조건 하에 성립된다. 그래야 수입과 지출이 안정돼 페이고pay as you go 원칙이 작동할 수 있다. 최소한 세금을 내는 연령대보다 받는 연령대의 크기가 크지 않아야 한다. 이런 조건이 전제되어야 복지정책이 가능하다. 마치 조로아스터교에서 2000년째 불씨를 살려놓는 것처럼, 불 꺼지지 않게 계속 유지하는 방안이 마련되어야 한다는 것이다. 불을 꺼뜨려서도 안 되고, 너무 세게 일으켜서 불을 내서도 안 된다. 적절히 불쏘시개를 넣어가며 유지해야 하는데, 우리는 너무 쉽게 인구를 줄여버렸다. 그러고는 저출산 정책을 복지의 차원에서 풀려고 하니 엇박자가 나는 것이다.

우리나라 저출산 정책이 본격적으로 시작된 것은 앞서 말했듯이 노무현 정부 때다. 늦게나마 시작한 것은 다행이었지만, 문제가 있었다. 노무현 정부 때 '사회적 복지' 정책이 본격 도입되었는데, 그러면서 저출산 정책도 '복지'가 된 것이다. 복지의 한 파트가 되었다는 것은 저출산의 문제를 '보육 복지'가 없기 때문으로 보았다는 뜻이다. 복지국가의 롤모델 격인 스웨덴을 보니 보육 복지가 좋았다. 그래서 그들을 벤치마킹하면서 지난 10년 동안 저출산 정책은 보육의 틀에서 다루어졌다.

저출산 문제의 실마리를 보육에서 찾는 것이 무조건 틀렸다는 것은 아니다. 스웨덴에는 맞았으니 성과가 났을 것이다. 그러나 앞서 말한 대로 스웨덴과 우리는 복지국가의 토양이 다른 데다 인구구조 자체가 다르다. 스웨덴처럼 인구변동이 적고 인구구성이 일정한 나라는 복지정책이 가능하지만, 우리처럼 인구가 급감하는 구조에서 페이고 원칙을 적용하면 실패할 수밖에 없다. 그런데 인구정책을 도입하면서 이 점이 진지하게 고려되지 않았던 것이다.

아울러 이 문제를 이성적으로 접근할 것인지 감성적으로 접근할지에 따라 정책의 실효성이 크게 달라진다. 기성세대는 '하나둘 낳다 보면 거지꼴을 못 면한다'라는 말에 세뇌되어 살았다. 국가가 이성적으로 국민을 설득한 것이 아니라 감성에 호소 혹은 협박한 것이다. 더 큰 문제는 정부가 산아제한을 '올바른 것'이라 선전했다는 것이다. 이것은 선악의 문제가 아니라 이성적인 판단의 문제인데, '시대가 어느 시대인데 애를 셋이나…' 같은 식으로 접근하다 보니 저출산이 문제가 된 오늘날에도 '셋은 너무 많다'는 과거의 굴레에서 벗어나지 못하는 것이다.

교육은 몇 십 년이 지나도 사람의 행동에 영향을 미친다. 그러므로 감성적인 선전선동을 하지 말고 토론하고 설득하는 과정을 거쳐야 하는데, 그러기 위해서라도 인구학적 관점은 필요하다. 우리 사회와 인구에 대한 과학적 스터디를 해보는 것이다.

지금도 감성에 호소하기는 마찬가지다. 애국심에 호소하면서 사회의 위기를 개인이 감당하라고 떠넘긴다. 국민들은 그걸 싫어하면서도 어쨌든 감내한다. 대표적인 것이 '인구교육'이다. 정부예산에도 인구교육 예산이 적지 않게 포함돼 있는데, 한마디로 저출산이 위험하니 자녀를 많이 낳아야 하고 가족이 중요하다는 인식을 아이들에게 심어주는 것이다.

인구교육은 물론 필요하다. 인구에 대해 아무 생각도 없는 것보다는 당연히 낫다. 그러나 어디까지나 '인구가 이렇게 중요하구나' 하고 인식하고 정치적 판단 등에 인구학적 관점을 반영할 수 있도록 기반을 마련해주는 것이지, '내가 아이를 많이 낳아야겠구나' 하는 당위로 흘러서는 안 된다. 더욱이 감성에 호소하는 인구교육은 자칫 1970년대의 반복이 될 수 있다. 과거에 캠페인을 통해 출산율을 낮췄으니, 높이는 것도 캠페인으로 가능하다고 생각하는 것일까? 백번 양보해서 그때는 국민의 교육 수준이 낮고 정보가 부족했기 때문에 캠페인이 먹혔을지 몰라도 지금은 그렇지 않다.

더욱이 과거에는 국가와 개인의 목표가 같았기 때문에 일치단결이 가능했다. 잘먹고 잘사는 것. 그런데 노동력이 안 되는 아이들이 너무 많으니 아이를 적게 낳자는 단순한 합의가 가능했다. 그러나 지금은 그런 합의가 깨진 시대다. 국가는 아이가 없으면 안 되지만 개인은 아이가 없는 편이 이득이다. 인구를 둘러싸고 신종 님비현상이 나타나 국가와 개인의 이해관계가 상충하고 있는데, 인구교육을 한다면서 애국자를 만들려 하면 효과가 있을까.

이처럼 이해관계가 상충할 때 개인에게 먼저 희생을 감내하라고 해서는 효과를 보기 어렵다. 오히려 국가가 먼저 투자해서 아이 키우기 쉬운 사회를 만들어줘야 한다. 이런 맥락에서 보면 정부에서 보육정책을 강화하는 의도를 이해 못할 바는 아니다. 그러나 앞에서도 말했듯이 보육이 복지정책의 틀에서만 해석되어서는 곤란하다. 복지는 한번 시작하면 줄이기 어렵고, 해도 해도 끝이 없다. 아무리 국가가 지원한다 해도 보육은 기본적으로 힘들다. 그러니 복지가 부족해서 아이 낳기 어렵다는 말은 언제든 나올 수 있다. 이렇게 해서는 문제가 해결되지 않는다.

이러한 이유 때문에 나는 저출산을 복지의 관점으로 바라보는 입장에 비판적이다. 우리나라처럼 인구가 안정되지 않은 상태에서는 복지보다는 차라리 투자의 개념으로 접근해야 한다. 어디에 투자할 것인가? 나는 고용이 가장 중요하다고 생각한다. 소득이 안정되어야 하기 때문이다. 최근 경기도와 함께 진행한 저출산 대책 프로젝트에서 이런 의견을 냈고, 경기도 지사도 '경기도의 저출산 대책은 고용과 주거로 가겠다'는 선언을 했다.

주택과 고용을 연계하는 게 말처럼 쉽지는 않다. 고용은 기업과의 공조 없이 지자체의 의지만으로는 해결되지 않기 때문이다. 그래서 경기도는 미혼 혹은 혼인 후 아직 자녀가 없는 중소기업에 근무하는 사람들이 우선적으로 경기도형 임대주택에 입주할 수 있게 하는 방안을 마련 중이다.

저출산 해법을 복지가 아닌 투자로 보기 시작하면 관련 정책 또한 국민에게 일방적으로 '잘해줄게'라고 말하며 비용을 쓰는 프레임에서 벗어날 수 있다. 그보다는 '나중에 내가 힘들 때 네가 도와줘'라고 상호부조하는 형태가 될 것이다. 물론 어디에 얼마나 투자할지에 대해서는 '원칙'이 있어야 하고 '적정'에 대한 합의가 되어야 한다. 적정 수준이 깨졌을 때 어떻게 회복할 것인지에 대한 시뮬레이션이 있어야 함은 물론이다.

양적 팽창이 아닌 질적 성장을 준비하자

───────── 지금까지 우리는 2002년 이후 본격화된 저출산 현상과 고령화가 맞물리면서 우리 사회에 어떤 변화가 일어나고 있으며 앞으로 어떤 영향을 미칠지 살펴보았다. 부모 세대의 2분의 1밖에 되지 않는 저출산 세대는 일견 부모 세대보다 경쟁에서 자유로울 것 같은데 취업에서는 오히려 이전 세대에 밀릴 것이 예견되었다. 한편 고령자 부양이 사회적 책임으로 이동하면서 세금 부담은 점점 커지는 반면 자녀 양육은 여전히 가정에서 책임지는 이중고 속에 저출산 흐름은 오히려 심해지고 있다.

그나마 앞서 살폈던 것처럼 2000년대 중반 이후 정부의 저출산 대응정책이 보육환경 개선에 중점을 두면서 보육의 책임이 상당 부분 사회로 이전되었다. 점심식사, 방과 후 활동 및 돌봄, 주말활동 등 과거에 가정에서 담당했던 기능들이 학교로 옮겨지면서 아이들이 성장하는 환경 자체가 이전 세대와는 달라지고 있다.

저출산 대책이 자녀 양육에 관한 복지정책에만 집중된 점은 개선해야 할 지점이다. 그러나 장기적으로는 양육도 노인 부양처럼 사회적 영역으로 들어오는 것이 시대적 흐름이다. 2000년대 이후 복지에 대한 우리나라의 개념은 선별적 복지에서 보편적 복지로 바뀌었고, 출산부터 사망까지 국가가 매우 중요한 역할을 담당하게 되었다. 이렇게 정책기조가 정해진 이상 양육에 관해서도 단기적 복지정책 수준을 넘어 장기적 철학을 가지고 진일보한 정책을 세워야 할 것이다.

아동에 대한 질적 투자로 사회적 부를 이전한다

이와 관련해 앞서 살폈던 부의 세대 간 이전 이론이 힌트가 될 수 있다. 가족의 역할이 국가로 확장된다면, 가족 내에서 나타난 부의 흐름을 국가 차원으로 확장해서 사고할 수도 있지 않을까? 산업화된 사회에서는 부의 흐름이 부모에게서 자녀에게로 향하기 때문에 출산을 꺼리게 된다고 했다. 그러나 여기에는 돌파구가 있다. 사회가 산업화되면 자녀 1명이 생산하는 경제적 자원이 과거에 비해 훨씬 커지므로 자녀가 많지 않더라도 부가 윗세대로 흐를 수 있다. 그렇게 된다면 부모들이 출산을 꺼릴 이유가 없어진다.

단, 여기에는 조건이 있다. 자녀가 훗날 경제활동을 원활히 해서 충분한 소득을 올릴 수 있도록 미리 준비시켜야 한다. 즉 산업화사회에서 부의 흐름을 지속적으로 이어가기 위해서는 자녀의 수보다 자녀의 질이 더욱 중요하다는 것이다. 물론 자녀의 질을 높이기 위해서는 양육에 대한 투자가 필요하다.

이처럼 자녀의 질에 투자함으로써 훗날 가정의 부가 윗세대로 흐르게 된다면, 사회가 아동의 질에 투자함으로써 사회적 부 또한 윗세대로 흐르는 것이 가능할 것이다. 태어나는 인구가 많으면 그들 중 뛰어난 소수가 사회적 생산을 담당해도 되지만, 태어나는 인구가 급속하게 적어지면 모든 이들이 '일당백'의 역할을 해야 한다. 결국 아이들 한 명 한 명을 훌륭하게 성장시키는 것은 사회 전체적 부의 이전을 준비하는 작업이 된다.

아이들이 적게 태어나더라도 감소 속도가 완만하다면 아이들의 질적 성장에 크게 신경 쓰지 않아도 될지 모른다. 아이가 줄어드는 만큼 사회 전체가 함께 줄어들면 되기 때문이다. 하지만 우리나라는 고령자에 대한 사회적 부양 부담이 크게 증가하고 있고 앞으로 더욱 그러할 것이므로 아래 세대로부터 윗세대로 부의 이전 전략이 시급하다. 모든 아이들이 훌륭한 인재로 성장해야 부의 세대 간 이전에 어려움이 없고, 세대갈등과 같은 개인과 사회의 고통도 줄어들 것이다.

가족투자에서 사회투자로

아이들의 질적 성장을 어떻게 이끌어낼지에 대해서는 치열한 사회적 고민이 필요하다. 어느 한 부문만의 과제가 아니라 보육, 보건, 교육, 영양 등 아이들이 성장하는 과정과 관련된 모든 영역이 머리를 맞대고 고민을 함께해야 한다.

이를 위해 나는 아동에 대한 '사회투자'의 개념을 제시한다. 아이들의 질적 성장에 투자하는 길이 이들이 생산하고 윗세대로 이전되어야 하는 부의 양과 질을 결정할 것이기 때문이다.

여기서 중요한 개념이 '사회'다. 지금까지 아이들에 대한 질적 투자는 주로 가족 단위에서 이루어졌다. 예컨대 아동에 대한 교육의 책임은 사회에 있음에도 불구하고 지난 20여 년간 교육의 실질적인 책임과 주체는 가족이었기 때문에 집집마다 극심한 경제적 부담을 감내하고 사교육에 올인해온 것이다. 내가 투자한 만큼 자녀들이 잘 자라줘서 우리 가족에 배당금을 가져다주기를 기대하면서.

그런데 지금의 10대부터는 그들이 성장하여 만들어낼 배당금을 가족에게 돌려줄 가능성이 거의 없다. 복지국가를 추구하면서 개인이 창출한 배당금은 정부를 통해 사회적으로 분배될 것이기 때문이다. 투자는 가족이 하는데 배당은 사회가 받는 상황이 발생한다면 이는 형평성에서도 어긋날 뿐 아니라 매우 심각한 사회적 갈등의 소지가 될 수 있다. 그러므로 가족이 투자의 주체라면 배당의 주체 역시 가족으로 돌려주든지, 아니면 배당금을 사회가 받는 만큼 투자도 사회가 해야 한다.

현실적으로 투자와 배당의 주체를 가족으로 한정하기란 쉽지 않다. 이는 우리 사회가 2000년대 들어 합의하고 추진해온 복지국가 패러다임을 폐기하고 과거로 회귀하는 것일 뿐 아니라, 현실적으로도 사회가 파편화되고 고령화가 가속화되면서 노인 빈곤이 급증할 가능성이 매우 높기 때문이다. 이들을 가족에 맡겨둔 채 국가가 나 몰라라 할 수는 없는 상황이 되었다. 결국 합리적인 선택은 다음 세대에 대한 투자와 배당을 모두 사회가 담당하는 것이다. 내가 주장하는 아동에 대한 '사회투자'가 바로 이것이다.

여기서 사회는 비단 정부만을 의미하는 것이 아니다. 그야말로 사회의 모든 구성원과 조직이 포함되는데, 특히 경제 분야가 중요한 역할을 수행해주어야 한다. 당연히 정부는 현재 가정에서 지출하고 있는 사교육비를 포함해 불필요한 자원의 소비를 최소화할 수 있는 시스템을 만들어야 하고 이를 위해 끊임없이 연구해야 한다. 한 반에 20명밖에 안 되는 학생들 개개인이 모두 담임교사의 관리를 받아야 하고, 이들의 능력과 개성이 사교육이 아니라 학교라는 공적 교육제도와 과정을 통해 충분히 발현될 수 있도록 해주어야 한다. 대학입시 제도에 대한 대대적인 정비도 물론 필요하다. 현재 상태를 유지하기보다는 자녀를 둔 가정의 개별적 투자가 최소화될 수 있도록 정부가 앞장서서 개혁해야 한다.

사회, 그중에서도 경제 분야는 두 가지 역할을 반드시 해주어야 한다. 하나는 개혁적인 수준의 인식 개선이고 다른 하나는 전향적인 직접투자다.

아이들의 교육이나 건강관리 등이 공적 시스템을 위해 이루어진다 해도 아이들이 성장하는 공간은 엄연히 가정이다. 이 책에서도 여러 번 언급했고 이미 수많은 언론매체를 통해 알려진 대로 우리나라는 현재 일과 가정생활 양쪽을 동시에 만족시키기 어려운 상황이다. 특히 여성의 경우는 더더욱 그러하다. 대기업이건 중소기업이건 우리는 회사의 이익과 업무를 위해 개인 생활의 희생을 당연시하며 암암리에 그렇게 해줄 것을 요구해왔고, 그래야 성공할 수 있다는 이데올로기를 근로자에게 심어왔다.

이러한 이데올로기는 인구가 성장할 때에는 통했을지 몰라도, 현재 우리나라 상황에서는 기업과 가정이 공멸하는 길로 이끄는 자충수가 되고 말 것이다. 지금 우리에게 필요한 이데올로기는 가족의 이익과 후속 세대의 질적 성장을 위해 기업이 희생하는 것이고, 이를 위해서는 기업의 인식이 개혁적인 수준으로 개선되어야 한다.

더불어 사회는 후속 세대의 질적 성장에 필요한 직접적인 비용을 감당해야 한다. 복지국가 정책이 본격화된 이후 우리 사회는 복지혜택의 대상을 주로 고령자로 놓고, 정부와 정치권의 주도로 고령자의 혜택을 늘리는 데 집중해왔다. 그 결과 고령자가 실제로 받을 수 있는 각종 혜택이 늘어났지만, 반대로 다른 곳에 운용할 수 있는 재원의 범위는 급속하게 축소되었다. 현재로서는 정부가 세금을 더 걷지 않는 한 아무리 아동에 대한 질적 투자가 중요하다는 사회적 공감대가 형성되어도 이를 위해 운용할 수 있는 자금이 크게 부족하다. 이 부족한 자금을 사회 특히 경제 분야가 마련하고, 만들어진 재원이 후속 세대의 질적 향상을 위해 직접적으로 쓰이도록 해야 한다.

이 작업이 정부가 아닌 민간에서 주도되어야 할 이유가 있다. 정부가 주도하면 투자가 아닌 복지가 되기 십상이다. 복지가 되면 재원이 들어간 후 성과가 전혀 없더라도 신경 쓰지 않게 될 위험이 크다. 하지만 지금 우리는 '좋은 게 좋은 거'라며 웃고 넘어갈 시간이나 여력이 없다. 이 때문에라도 반드시 기업에서 활용하는 '투자'의 개념이 적용되어야 하고, 그에 따라 가장 합리적이고 효율적인 방법과 전략을 모색해야 한다.

이 사회투자 개념은 사실 새로운 것이 아니다. 이미 복지국가 모형으로는 노인부양이나 자녀 양육, 근로 빈곤, 청년실업 등의 문제에 능동적으로 대처할 수 없다고 판단한 영국과 캐나다에서 새로운 복지정책의 패러다임으로 '사회투자 전략social investment perspective'이 제시된 바 있다. 사회투자 전략의 핵심은 복지의 시혜적 성격을 잃지 않으면서 투자적 성격을 견지하는 것으로, 사회정책과 경제정책의 상호보완을 꾀하는 것이다. 구체적으로는 인적자본과 사회적 자본에 대한 투자를 확대함으로써 구성원들의 경제활동 참여기회를 극대화해 빈곤을 예방함은 물론 경제성장과 사회발전을 동시에 추구한다는 것이다.

이 중 인적자본 투자의 핵심대상은 미래의 시민이자 노동자인 어린이들이다. 아동에 대한 투자는 초기에는 비용 부담이 발생하지만 궁극적으로는 경제성장의 원동력이 된다. 영국은 아동에 대한 사회투자 전략을 실천하고 있는 대표주자로, 세계에서 아이들이 자라기 가장 좋은 곳이 되는 것을 국가 비전으로 삼을 정도로 적극적이다.

앞서 언급했듯이 저출산 세대는 이전 세대가 경험하지 못한 많은 기회를 갖게 되는 것이 일반적이다. 당장 대학입시에서부터 군대문제 그리고 노동시장에 이르기까지 사회 전체적으로 보면 매우 어려운 상황이 펼쳐지겠지만, 저출산 세대에게는 살아가는 동안 매우 유리한 사회조건들이 놓이는 것이 상식이다. 그러나 일본에서는 적은 수의 코호트인 '유토리 세대'가 오히려 기회를 찾지 못하고 이전 세대들보다 더욱 어렵게 살아갔다. 기존의 경제적 조건들이 좋지 않아서 그 여파가 상대적으로 조건이 유리해야 할 저출산 세대에까지 미친 것이다.

이는 우리나라에도 닥칠 미래다. 저출산 세대가 그들 앞에 놓인 미래를 자신의 능력을 최대한 펼칠 기회로 만들 수 있는지 여부는 지금부터 사회 전체가 어떻게 준비하고 대응하는지에 달려 있다. 이에 대한 사회의 관심과 투자가 더욱 필요하다.

작아지는 사회에 맞는 체질을 만들자

──────────────────── 지금까지 살펴본 한국의 미래가 밝다고는 말하지 못할 듯하다. 그렇다면 한국의 미래는 우울하기만 한가?

아니다. 그럼에도 변화할 가능성은 여전히 충분하다. 인구학적 시각을 가지고 보면 문제의 원인과 미래의 결과를 예측할 수 있으니, 그에 따라 변화 정책과 전략을 마련하면 된다.

그에 대한 제안의 하나로 미래 세대에 대한 사회투자 전략을 우리나라 실정에 맞게 어떻게 적용할 수 있을지 논의해보았다. 이 정책을 적극적으로 도입한 유럽은 국가가 사회투자 전략을 주도하고 있지만, 우리나라도 반드시 그래야 하는지에 대해서는 다시 생각해볼 여지가 있다. 그래서 나는 앞에서 사회, 특히 기업의 역할을 강조하는 사회투자 개념을 제시했다.

이처럼 '정해진 미래'에 대한 생존전략을 짜려면 발상의 전환이 필요하다. 이 책의 결론을 겸하여 내가 제안하고 싶은 것은 크게 3가지다.

기업의 노하우와 민첩함이 필요하다

첫째, 인구정책은 정부만 할 수 있는 것이 아니다.

지금까지 인구정책의 대상은 주로 출산율을 높이기 위한 것으로 한정되어 왔다. 그런데 이 책에서 다룬 바와 같이 출산만이 인구의 영역이 아니다. 인구와 관련된 정책은 이주, 건강, 사회 및 경제개발의 영역까지 매우 다양하다. 나아가 우리나라의 인구는 다른 나라에 의해 끊임없이 영향 받고 또 주기도 하기 때문에 인구정책의 범위는 우리나라 경계를 넘어서야 한다.

지금까지 우리나라의 인구정책은 100% 정부의 주도 하에 마련되고 진행되었다고 해도 과언이 아니다. 물론 인구정책을 마련하는 데에는 1차적으로 정부의 역할이 매우 중요하다. 그러나 지금은 공적 영역에만 맡긴 채 손 놓고 있을 수 없는 상황이다. 특히 한국사회를 움직이는 대기업들은 특유의 민첩함으로 공적 영역을 오히려 선도할 수도 있다. 또 그렇게 해야 한국이라는 시장을 지켜낼 수 있으니, 이는 단순히 기업의 사회적 책임CSR을 넘어 기업의 생존을 위한 필수전략이기도 하다.

물론 선도한다고 해서 기업이 인구정책의 아무 영역에나 마구 뛰어들 수는 없을 것이다. 내가 생각하기에 기업이 먼저 관여할 수 있는 분야는 건강증진 및 관리 영역이다. 우리나라 인구문제에서 사회적 부담이 가장 큰 부분이 바로 빠른 고령화이고, 건강 관련 사회적 비용은 상상을 초월하게 될 것이다. 그런데 이를 방지하는 좋은 방법이 있다. 모든 고령자들이 건강을 잘 관리하여 하루라도 더 늦게 의료 서비스를 찾게 만드는 것이다. 바로 건강증진과 관리를 철저히 하는 것이다.

앞서 예로 제시한 대로 기업이 모바일헬스mHealth 등의 산업을 통해 변화가 느린 건강관리 관련 공단이나 공무원 집단을 이끌어주는 것을 매우 진지하게 고려해봐야 한다. 어느 나라나 비슷하겠지만 공공영역은 기술이나 산업의 변화에 기업보다 둔감하다. 기술의 진보가 실제 삶의 질을 높이는 데 기여하려면 그에 필요한 제도와 정책이 뒷받침되어야 하는데, 공공영역의 속도가 이를 따라가지 못할 때가 적지 않다. 건강 관련 영역도 예외가 아니다. 모바일헬스는 우리나라를 비롯해 전 세계적인 수요가 커지고 있는 분야이기 때문에 비단 건강관리 및 증진 전략으로서만이 아니라 산업으로서의 발전 가능성도 매우 높다. 이 영역을 민간이 먼저 주도하고 정부에서는 그에 필요한 제도와 정책을 적극 뒷받침해주어야 한다.

해외 공적원조 사업도 민간이 주도할 수 있는 인구정책 영역이다. 앞에서 해외 공적원조 사업이 왜 중요한지는 이미 수차례 언급했다. 현재 우리나라의 해외 공적원조는 규모에 비해 매우 비효율적이라는 비판을 받고 있다.[25] 한마디로 무언가 원조를 많이 하기는 하는데 단발성으로 끝나고 실제 우리 기업의 산업 투자 혹은 젊은 인력의 고용으로 전혀 이어지지 않고 있다는 것이다.

지금까지 기업들은 CSR 차원에서 자금을 만들어 코이카에 제공하고, 그다음부터는 코이카가 알아서 사업을 발굴하고 수행하는 형태로 해외원조 투자에 기여해왔다. 그러나 경제나 산업적 지식과 경험은 코이카보다는 현장에서 발로 뛰는 기업이 더 풍부할 것이 당연하다. 그러니 코이카에 단순히 자금만 제공한 채 알아서 하라고 하기보다는 기업이 해외에서 축적한 경험과 지식을 바탕으로 어떤 식의 원조와 개발을 할 것인지 의사결정 과정에 참여할 필요가 있다. 혹은 아예 기업이 산업투자로 이어질 수 있는 국가에 원조사업을 직접 주도할 수도 있다. 실제로 내가 1년간 머물며 인구정책 자문을 수행한 베트남 정부의 보건부는 나에게 한국의 대기업이 직접 이 나라의 고령자들을 위한 건강관리 시스템을 구축하는 사업에 원조투자를 할 수 있는지 가능성을 찾아달라고 부탁하기도 했다.

이처럼 인구문제의 실마리를 풀어가는 데 기업이 할 수 있는 역할은 매우 크다. 정부가 뜸을 들이고 기업도 움직이지 않으면, 한국사회는 개인 차원의 생존에 골몰하게 될 수밖에 없다. 개인이 알아서 포트폴리오를 구성해 생존을 도모하는 각자도생의 길로 뛰어들어야 한다는 것이다.

정해진 미래에 적합한 사회구조를 마련하자
둘째, 크기를 다시 키우려고 노력하기보다 다운사이징을 준비하자.

현재 우리나라 정부는 어떻게든 출산율을 높이려 노력중이다. 들이는 노력에 비해 효과가 거의 없어서 안타까울 지경이지만, 정부의 노력은 어쨌거나 현재 진행형이다. 그런데 한 가지 질문을 해보자. 정부의 노력이 결실을 맺어 출산율이 2015년 1.2명에서 2017년 1.5명으로 급등하고, 나아가 계속 이 수준이 유지된다면 내가 이 책을 통해 말한 많은 일들이 일어나지 않고 우리나라의 인구문제는 해결될까?

정답은 '결코 아니다'이다.

이유는 간단하다. 이미 2002년부터 2016년까지 매년 평균 45만 명밖에 태어나지 않았기 때문에 2017년부터 출산율이 갑자기 상승하더라도 지난 15년의 공백을 메울 수는 없다. 그뿐 아니다. 현재 주된 출산연령이 28~32세이니 이 연령대 여성인구의 크기에 따라 대략의 출산아 수가 결정될 텐데, 앞으로 이 연령대 여성인구는 계속 줄어들 것이기 때문에 설령 출산율이 올라가더라도 전체 출산아 수는 증가하기 어렵다.

2016년에 이 연령대 여성인구가 약 160만 명이었는데, 가령 우리나라의 출산율이 1.2일 때 이들이 43만 명을 출산했다고 가정해보자. 2017년에 이 연령대 여성인구는 155만 명이 될 것인데, 만약 출산율이 1.5가 되면 이들은 52만 명의 자녀를 출산하게 된다. 출산아 수가 다소 증가하긴 하지만 여전히 해마다 100만 명 안팎으로 태어난 베이비부머의 절반 수준에 불과하다. 물론 지난 15년간의 경험을 통해 알 수 있듯이 출산율이 1.2에서

1.5가 되는 것도 지금으로서는 거의 불가능한 시나리오다. 출산율이 더 이상 떨어지지 않고 반등할 수 있도록 정부가 계속 노력해야 하는 것은 맞지만, 그렇다고 해서 밝지 않은 전망이 바뀔 가능성은 거의 없다.

그렇다면 무엇을 해야 하는가? 바로 정해진 미래, 즉 작아지는 사회규모에 우리의 제도와 문화 그리고 인식까지도 큰 무리 없이 적응할 수 있도록 미리 준비해야 한다.

다운사이징이라고 해서 무조건 현재보다 상황이 악화되는 것은 아니다. 물론 현재를 기준으로 모든 것을 살다가 갑자기 그 규모가 절반으로 줄어들면 당연히 혼란이 온다. 하지만 이제 우리는 지금까지 살펴본 바를 통해 미래의 규모가 언제 어느 정도 될지 알 수 있는 능력이 있다. 그 능력을 발휘하여 더 늦기 전에 줄어들 시장규모에 맞는 제도를 정비하면 된다.

그런 점에서 다운사이징은 비단 규모의 축소만을 의미하는 것이 아니다. 그보다는 오히려 규모에 맞춘 새로운 체질을 발굴하고 개선하는 것을 가리킨다. 예컨대 현재 학령인구가 빠르게 감소하고 있기 때문에 교육부는 각종 인센티브 제도를 통해 인위적으로 대학 수를 줄이거나 학과 통폐합 등을 통해 교직원 수를 감축하고 있다. 단순하게 규모만 생각하면 교육부의 정책은 다가올 다운사이징을 적절하게 대비하는 것으로 보인다. 하지만 이는 다운사이징을 그야말로 협소하게 바라보는 조치이며, 그나마 다운사이징의 판단기준을 미래가 아닌 현재에 둔 것이다.

교육부 정책에는 미래에도 여전히 지금과 같은 대학입시 제도가 존재하고, 대학은 19세에 가야 한다는 전제가 깔려 있다. 그러니 19세 인구가 줄어드니 대학의 수가 줄어야 한다는 논리다. 그러나 전체 인구에서 19세 인구만 독립적으로 존재하는 것이 아니다. 19세 이하 인구는 줄어드는 반면 베이비부머 2세대인 40대 중후반 이후 인구는 오히려 증가하고 있으며, 대학 또는 대학과 관련한 산업에 종사하고 있는 매우 많은 사람들이 이 연령대에 속한다. 교육부가 19세 인구가 줄어드니 그에 맞추어 대학을 줄인다면 그 부모 세대인 베이비부머 2세대의 노동시장을 축소시키는 결과로 이어지지 않겠는가?

이처럼 모든 연령대는 서로 연결되어 있기 때문에 한 연령대가 줄어든다고 그것만을 위한 다운사이징을 해서는 안 된다. 대학을 다운사이징한다면 10년 뒤에도 대학이 지금처럼 19세부터 20대 초반만의 교육을 위한 곳이어야 하는지, 대학입시는 지금과 같은 형태로 유지되어야 하는지 등을 종합적으로 고려하여 계획해야 한다. 내가 말하는 다운사이징은 단순하게 규모를 축소하는 것이 아니라 인구변동의 큰 맥락 속에서 개혁적으로 체질을 개선하는 것을 의미한다.

10년 후 재도약은 가능하다

셋째, 우리나라의 미래는 어둡기만 할 것이라는 생각에서 벗어나야 한다. 그 이유는 최소한 두 가지다. 하나는 이 책을 통해 우리의 미래가 어떻게 정해질지 알았기 때문이고, 다른 하나는 앞으로 인구는 사회의 변화를 결정하는 데 더 이상 '변수變數'가 아니라 '상수常數'가 될 가능성이 보이기 때문이다.

나는 이 책에서 과거 수십 년간의 인구변동 결과로 10~15년 뒤 우리나라의 미래가 어떻게 정해지고 있는지 그려보았고, 그 모습이 그리 반갑거나 밝지 못할 것으로 예측하였다.

하지만 나의 실제 의도는 비관론과는 정반대다. 내가 그린 미래의 모습은 두 가지 가정에 기반을 두고 있는데, 하나는 인구변동의 모습이고 다른 하나는 그 인구변동과 관계없이 현재의 사회구조와 제도, 정책, 그리고 국민들의 인식 등이 그대로 지속된다는 것이다. 즉 인구변동과 사회구조의 부조화가 생겼을 때의 모습을 그렸으며, 그 모습은 절망적일 수밖에 없다는 것이다.

그러나 이 책에서 밝힌 것과 정반대로 희망적인 미래가 펼쳐질 가능성도 매우 크다. 인구변동은 이미 정해져 있는 미래이므로 여기에 조화되는 정책과 제도 그리고 인식이 뒤따른다면 그 가능성은 현실이 될 것이다. 한마디로 미래를 준비하는 기준과 준거를 현재가 아니라 변화될 미래로 삼으면 된다는 것이다. 이 준비는 정부나 기업은 물론 개인에게도 필요하다.

우리나라의 미래가 어둡지만은 않다고 한 두 번째 이유는 미래에 인구가 변수가 아니라 상수가 될 수 있기 때문이다. 현재의 저출산 흐름은 2002년부터 계속되어 2017년까지는 40만 명대

출산흐름이 이어질 것으로 예측된다. 급격히 출산아가 줄어든 와중에도 15년 넘게 출생인구가 40만 명대로 유지되는 것은 우리나라 아동인구가 매우 안정적으로 변화했음을 시사한다.

인구의 크기가 급격히 변화하면 사회구조를 맞추기가 매우 어렵고 부담스럽지만, 완만한 변화에는 충분히 대응할 수 있다. 우리나라는 2002년을 계기로 이전에 비해 사회규모를 크게 줄여야 했고, 그에 따른 진통을 겪는 중이다. 지금의 고통을 다스리며 정부와 기업, 개인의 체질과 전략을 적절히 바꿔나간다면 장기적으로 인구와 경제 그리고 사회구조는 잘 조율될 수 있을 것이다.

앞에서 나는 앞으로 출산할 여성이 줄어들 것이므로 출산율이 1.5 수준에 도달하더라도 출산아 수는 50만 명을 조금 넘는 수준에 머물 것으로 예측했다. 반면 지금처럼 1.2 수준의 출산율이 지속되면 3~4년 내에 출산아 수는 30만 명대로 떨어질 것으로 전망했다. 만약 출산율이 1.3 정도로 올라간다면 한 해 40만 명대의 출산아 수를 앞으로 10년 이상 더 유지할 수 있다. 15년도 적지 않은 시간인데 여기에 10년이 더 추가된다면 인구는 상수가 될 수 있다. 30년 동안 한 해 출생아 수가 90만~100만 명에서 40만 명대로 변화하느라 인구가 우리의 미래를 결정하는 중요한 변수가 되었는데, 반대로 25년간 한 해 출생아 수가 40만 명대로 유지될 수 있다면 인구는 사회를 안정적으로 유지시키는 가장 기본적인 조건으로 작동하게 된다.

즉 우리 사회가 앞으로 약 10년간 앞에서 말한 개념의 다운사이징을 준비할 수 있다면 그 이후 20~30년은 매우 안정적인 경제활동인구를 바탕으로 새로운 도약의 발판을 마련할 가능성이 충분하다는 것이다.

최근 우리보다 15년 이상 저출산 현상을 경험하고 있는 일본 정부가 인구 1억을 유지하기 위해 '1억 총활약상'이라는 장관급 부처를 신설했고, 우리나라에서도 '인구 5000만을 지키자'는 목소리가 커지고 있다. 기본적으로 이러한 노력에 찬사를 보낸다. 그런데 만일 나에게 우리나라에 적합하면서도 꼭 필요한 캠페인이나 정책방향을 제시하라고 한다면, 총인구나 출산율보다는 '출생아 수 45만 명을 유지하자'를 제안할 것이다. 적어도 10년만 한 해에 45만 명이 태어난다면 우리나라의 인구는 매우 안정적으로 변화할 것이기 때문이다.

통일은 과연 '대박'이 될까?

내가 생각한 나름의 생존전략은 크게 이 3가지다. 독자들 중에서는 '북한'에 대한 언급이 전혀 없음을 의아해하는 분도 있을지 모르겠다. 내가 우리나라의 인구에 대해 강의를 하면 학교 학생들은 물론 일반인이나 기업인들도 북한의 인구에 대해 질문을 종종 한다. 즉 내가 설명한 미래는 북한의 인구를 전혀 고려하지 않은 것인데, 통일이 되면 북한의 인구가 우리에게 새로운 기회가 되지 않겠나 하는 질문이다.

나의 대답을 먼저 말씀드리면 통일 가능성을 알 수 없는 상황에서 북한의 인구를 생존전략으로 고려하는 것은 곤란하다는 것이다.

　가장 최근에 실시된 센서스는 2008년인데, 이때 북한의 인구는 약 2400만 명으로 집계되었고, 출산율은 약 2.0명으로 나타났다. 5년에 한 번씩 정기적으로 실시하는 우리나라와 달리 북한은 비정기적으로 센서스를 실시한다. 1993년에 센서스를 실시한 후에 2008년에 UN의 도움으로 한 차례 실시했고, 그 이후 내가 알기로는 계획된 바가 없다.

　물론 북한의 인구는 우리보다는 젊다. 2008년 자료를 바탕으로 우리나라 통계청이 추정한 바에 따르면 2010년의 중위연령이 약 32세로 당시 우리나라보다 6년 정도 낮았고, 65세 이상 고령자 비중도 9%로 우리나라의 11%에 비해 낮았다.[26] 경제활동이 가장 활발하다고 볼 수 있는 25~49세의 북한 인구는 2016년에 940만 명 정도일 것으로 추정되고 우리나라는 이 연령대에 약 2000만 명이 있으므로, 만약 지금 통일된다면 단순히 인구만을 고려한 경제규모는 현재보다 약 1.5배 커지게 될 것이다.

　2025년에 우리나라의 25~49세 인구는 1600만 명 정도로 줄어들고 이 연령대의 북한인구는 약 900만 명이 될 것으로 추계되어, 역시 통일이 된다면 최소한 내수 규모는 약 2500만이 되어 현재 우리나라만의 내수보다 커질 것이다. 단순하게 인구수만을 놓고 보면 정치인들의 말대로 통일이 '대박'이 될 수도 있을 것 같고, 생존전략으로 고려해봄 직하다. 그런데 과연 실제로 그렇게 될까?

내가 북한의 인구를 생존전략으로 고려하지 않는 이유는 두 가지다.

첫 번째 이유는 인구학적 관점에서 볼 때 불확실성이 커서 정해진 미래를 그려보기 어렵기 때문이다. 우리나라의 출산율이 1.2명 수준인데 북한이 2.0명이므로 통일이 되면 우리나라의 줄어든 출산아 수를 북한의 출산아 수가 상쇄해주리라 생각할 독자들이 있을 것이다. 하지만 북한의 출산율 2.0은 남북한 교류가 전혀 없는 상황에서의 출산율이지, 통일 이후에도 유지된다는 가정은 결코 할 수 없다.

통일 독일의 출산율 변화가 좋은 근거다. 1990년 독일이 통일되기 직전 동독의 출산율은 서독의 출산율 1.5명보다 높았다. 하지만 통일 직후 동독 지역의 출산율은 곤두박질쳐 1993년에 0.8 수준까지 떨어졌다. 같은 기간 서독 지역의 출산율은 1.4~1.5명으로 유지되었는데도 말이다. 동독 지역의 출산율은 2007년에야 서독 지역과 동일한 수준으로 복원되었다. 통일에 따른 경제적, 정치적, 사회적 혼란이 동독 지역의 젊은이들로 하여금 출산을 미루거나 포기하도록 만든 것이다. 이러한 상황이 통일 한국에는 발생하지 않을까?

두 번째 이유는 북한인구의 건강상태가 우리나라에 비해 전반적으로 좋지 않기 때문이다. 따라서 통일 직후부터 규모의 경제 효과를 얻기보다는 반대로 북한인구의 건강관리를 위한 사회적 비용 지출이 늘어날 가능성이 훨씬 클 것이다.

일반적으로 개인이 아닌 전체 인구집단의 키는 그들의 영양상태, 질병관리 경험 등 삶의 수준을 축약해 보여주는 지표다. 당장 우리나라의 60대, 40대, 20대의 신장 차이를 생각해보면 이 의미를 쉽게 알 수 있다. 그런데 2009년 북한 이탈자 주민을 대상으로 건강상태를 집계한 통계와 2008년 우리나라의 건강상태를 집계한 통계를 비교한 결과에 의하면,[27] 당시 북한 이탈자 주민 19~29세의 평균신장이 같은 연령대의 우리나라 인구에 비해 남자는 8.8cm, 여자는 6.5cm 작았다. 체중 역시 남자는 14.3kg, 여자는 4.5kg이나 차이 났다. 이 연령대는 현재는 물론 향후 10년간 자녀를 출산할 인구인데, 이들의 건강상태가 전반적으로 열악하다는 것은 이들뿐 아니라 자녀들의 건강상태 역시 양호하지 않을 가능성이 매우 크다는 점을 시사한다.

우리나라의 인구가 이 책에서 보여준 미래를 그려가는 것은 10년 후가 될 터인데, 당장 오늘 통일된다고 해도 이 두 가지 이유 때문에 통일은 생존전략이기보다는 위기요소가 될 개연성이 크다.

그렇다고 통일이 필요 없다고 말하는 것은 물론 아니다. 단지 통일되면 우리나라가 저출산 및 고령화 현상으로 당장 직면해 있는 문제들이 해소되기보다는 더 복잡해질 터이므로 좀 더 냉철한 시각이 필요하다는 것이다.

정해진 미래에서 '나만의 미래'를 정해가는 법

  지금까지 나는 이 책을 통해 지난 15년간의 인구변동이 정해놓을 우리나라의 미래상을 그려보았다. 프롤로그에서 나는 비관적인 미래의 모습을 설파하기 위해 이 글을 쓰는 것이 아니라고 밝힌 바 있다.

  물론 많은 분들이 우리나라의 미래가 그동안 막연히 생각했던 것보다 더 비관적이라고 느끼셨을 수도 있겠다. 하지만 나는 여러분이 인구가 정해놓을 미래를 정확히 알고 현명하게 미래를 준비하고 대응하기를 기대하는 뜻에서 이 책을 썼다. 인구가 정해놓은 미래에 현재의 기준과 생각으로 대응하지 말고 판단 근거를 미래로 놓고 접근하기를 부탁드리고 싶다. 그렇게 한다면 우리의 미래가 어두울 이유는 전혀 없다. 오히려 지금보다 더 좋아질 가능성이 높다.

  그럼에도 여전히 미래의 모습이 막연하고 불안하게 느껴질 수도 있다. 정해진 미래는 알겠는데 어떤 생존전략을 마련해야 하는지 더 구체적으로 말해보라는 독자가 있으실 것 같다. 사람마다 환경이나 특성이 모두 다르기 때문에 각자의 삶에 맞춘 생존전략을 여기서 다루기는 불가능하다. 그 대신 동시대를 살아가는 사람으로서 나의 생존전략을 말씀드려 보면 조금이라도 도움이 되지 않을까 싶다.

　기본적으로 나의 생존전략은 두가지다. 첫째는 인구변동에 기반해 미래의 변화를 가능한 한 정확하게 예측하자는 것이고, 둘째는 무엇을 하건 그것을 판단의 기준으로 삼는 것이다.

　여기서 몇몇 독자들은 미래의 인구변화를 어떻게 알 수 있는지 궁금해할 것이다. 인구학적인 전문지식이나 기술이 있어야 알 수 있는 것 아닐까?

　맞다. 미래에 인구가 어떻게 바뀌어갈지 알려면 인구학 방법론에 기반하여 장래인구를 통계적으로 추계해야 한다. 하지만 이 방법론을 몰라도 전혀 상관없다. 우리나라의 통계청이 이미 국민들을 위해 매우 정교하고도 과학적인 방법으로 2060년까지 우리나라 인구가 어떻게 바뀌어갈지 추계작업을 해놓았기 때문이다. 통계청에서 5년에 한 번씩 미래 인구를 그려놓은 '장래인구추계'를 발표하니 관심 있게 그 통계를 보면 도움이 될 것이다. 우리나라 통계청은 전 세계 어떤 국가보다 정확한 통계를 산출하고 국민들이 사용하기 편하게 제공하고 있다. 내가 이 책에서 사용한 통계자료도 거의 대부분 통계청의 통계데이터 베이스인 코시스kosis.kr를 통해 얻은 것이다.

　그렇다면 이를 판단기준으로 삼아 어떤 전략을 짤 수 있을까? 이 자리에서 장황하게 밝히기는 어렵고, 부모로서 가장 큰 고민인 자녀교육을 대표적으로 말씀드리고자 한다.

나는 2016년 현재 중학교 2학년과 초등학교 5학년 딸 둘이 있다. 첫째는 2002년생, 둘째는 2005년생으로 둘 다 저출산 세대다. 나는 고귀한 교육철학을 가진 사람도 아니고, 이 아이들이 남들처럼 잘 자라서 좋은 교육을 받고 본인이 하고픈 일을 하고 살기를 바라는 보통 아빠다. 다만 아이들의 사교육에 관해서는 보통의 부모와는 관점이 약간 다르다.

나의 판단기준은 첫째 딸이 19세가 되는 2021년 이후다. 앞에서 밝힌 대로 이때는 서울권 대학에 들어가기도 지금보다 훨씬 수월해진다. 재수, 삼수생을 모두 고려해도 그렇다.

게다가 나는 대학을 반드시 19세에 들어갈 필요는 없다고 생각한다. 한국사회가 재구조화되는 상황에서 학번의 중요성은 점점 사라질 것이기 때문이다. 그리고 19세가 아닌 다른 연령대의 다른 경험을 가진 사람들이 대학에 들어갈 수 있는 길이 앞으로 늘어날 것이다. 이유는 간단하다. 그것을 대학도, 교육부도 원하기 때문이다. 학생이 없으면 대학은 문을 닫을 수밖에 없는데, 앞에서 설명한 것처럼 그렇게 쉬운 일이 아니다.

이러한 판단 하에 나는 아이들의 성적을 위한 사교육에는 지출하지 않고 있다. 대신 정서발달에 도움이 될 거라 생각되는 태권도, 서예학원에 보낸다. 물론 보통 아빠로서 옆집과 아이 친구들을 보면서 '정말 이래도 되나?' 하는 생각이 들지 않는 것은 아니다. 하지만 현재가 아니라 미래를 보면 필요 없는 지출이라는 것이 눈에 보이고, 그 돈으로 다른 활동을 하는 것이 훨씬 합리적인 소비라는 확신에는 변함이 없다.

그러면 딸이 19세에 대학에 가지 않는다면 뭘 시킬 것인가? 우리 아이들이 프리타로 몇 년씩 살게 하고 싶은 마음은 추호도 없다. 본인들의 선택이 그것이라면 모를까. 만일 아이들이 거부하지 않는다면 베트남에 가서 언어도 배우고 현지 친구도 사귀면서 사회에 대해 더 넓고 깊게 이해하게 되기를 희망한다.

왜 하필 베트남이냐고 묻는 분들도 있겠다. 간단하다. 두 가지 이유다. 하나는 앞으로 한중일 동아시아 3국이 인구 고령화로 어려움을 겪을 때 베트남은 인도차이나 반도는 물론이고 아시아의 중심국가로 성장할 가능성이 크기 때문이고, 다른 하나는 내가 이미 만들어놓은 인적 네트워크를 활용하면 아이들이 훨씬 쉽게 그곳에 적응할 수 있기 때문이다.

첫 번째 이유에 대해서는 앞에서 여러 차례 설명했다. 사실 두 번째 이유도 이미 밝혔다. 해외에 간다는 것은 리스크가 클 수밖에 없으며, 그 리스크를 줄일 수 있는 시스템이 있는가 없는가에 따라 성공 여부가 판이하게 달라진다. 그렇기 때문에 나는 국가가 젊은이들에게 무조건 해외로 가라고 하지 말고, 먼저 이주 리스크를 최소화할 수 있는 시스템을 만들어놓아야 한다고 주장했다. 앞으로 정부가 앞장서서 그러한 해외 시스템을 만들어준다면 가장 좋겠지만, 그것이 준비되지 않는다면 내가 만들어둔

'아빠 카드'라도 사용할 여지가 있기 때문에 베트남을 언급한 것이다.

아마 여기서 두 가지 질문이 또 생길 것 같다. 하나는 이미 수많은 기러기 아빠를 양산한 미국이나 호주 같은 선진국에 아이를 보내야 하는 것 아니냐이고, 다른 하나는 '아빠 카드'를 만들어놓을 수 없는 사람은 어쩌라는 것이냐.

첫 번째 질문에 대한 대답은 이번에도 '기준을 과거나 현재가 아닌 미래에 두라'는 것이다. 과거에는 영어 하나만 잘하면 성공할 수 있었다. 바로 희소성의 가치였다. 하지만 영어의 희소성은 사라진 지 이미 오래다. 게다가 선진국, 특히 미국이 10~15년 뒤에도 지금의 미국과 같을지에 대한 확신이 없다. 일하는 연령대에서 히스패닉이 대다수가 되는 시기가 곧 도래하는데, 현재 히스패닉에 대한 사회적 투자가 너무 적어 사회갈등의 골이 깊어지고 있기 때문이다.

두 번째 질문에 대한 나의 대답은 '그래서 정부의 역할이 매우 중요하다'이다.

내가 만들어놓은 '아빠 카드'는 조영태라는 개인이 만든 것이다. 일하는 사람의 수가 줄어들면 사회 전반에 다운사이징이 이루어져야 하는데, 그러면 해외교역 의존도가 커질 수밖에 없다. 우리가 필요한 것을 다 만들 수도 없고, 우리가 뭘 만들든 수출하지 않고서는 이윤이 크게 날 수 없기 때문이다. 이렇게 되면 우리의 아이들이 해외 경험을 많이 쌓을수록 좋은데, 그러려면 양질의 채널을 국가가 만들어놓아야 하고, 이를 위한 지출을 아껴서는 안 된다. 한마디로 '아빠 카드'보다 '정부 카드'가 훨씬 좋아야 하고, 그 카드를 쓸 수 있는 곳이 매우 다양해져야 한다.

아울러 '정부 카드'는 해외에서만 통용되어서는 안 되고, 국내에서도 활용될 수 있도록 시스템을 구축해야 한다. 성년이 된 아이들이 정부 카드를 활용해 국내건 해외건 수년간 경험을 쌓고 나면 자신이 어떤 직업을 갖고 무엇을 할지 혹은 대학에 진학해 무엇을 공부할지에 대한 구체적이고 합리적인 인생 진로를 찾게 되지 않겠는가? 나는 그렇게 기대한다.

그렇다면 아이들이 어떠한 직업을 갖도록 도와주어야 하는가? 만일 우리 아이들이 경제적 부나 사회적 성공의 잣대로부터 자유로울 수 있다면 봉사하고 희생하는 직업을 선택하라고 말하겠다. 그러나 여러분이 마음속에서 원하는 답은 이것이 아닐 것이다. 오히려 경제적 부나 사회적 성공의 잣대로 볼 때 어떤 직업이 미래에 좋을지 궁금할 것이다.

여기에 대해서는 사실 나도 답이 없다. 하지만 최소한 이러한 직업은 피하라는 조언은 해줄 수 있겠다. 한 사회에서 직업적 지위는 경제력, 명예, 만족감 등에 의해 정해지며, 이것들을 결정하는 조건은 희소성, 전문성 그리고 안정성이다. 예나 지금이나 부모들이 자식들에게 원하는 직업들을 생각해보면 이 3가지 조건 모두 혹은 적어도 하나라도 충족하는 것들이다. 그런데 과연 그 직업들이 미래에도 그러할지 잘 생각해봐야 한다. 만약 그렇지 못할 것 같으면 자녀들에게 그 직업을 권해서는 안 된다.

예컨대 의사와 변호사는 현재 3가지 조건을 모두 충족시키고 있지만, 곧 3가지 조건을 모두 잃을 가능성이 크다. 은퇴가 없는 직종이기 때문에 종사자의 수가 계속 증가할 테니 희소성이 떨어진다. 빅 데이터와 인공지능의 발달은 의사와 변호사의 전문성을 축소시킬 것이다. 당연히 경쟁이 심화되면 직업적 안정성도 떨어지게 된다. 현재가 아닌 미래를 기준으로 이 3가지 조건이 충족될 수 있는 직업이 있다면 그것을 자녀들에게 권해봄 직하다. 물론 그 선택은 우리 아이들 스스로 해야 하겠지만.

이처럼 나는 나름의 생존전략을 짜고 있다. 물론 이것이 한 번 만들어졌다고 해서 결코 바뀌지 않는 것은 아니다. 인구는 끊임없이 변하기 때문에 나의 생존전략도 끊임없는 수정이 필요하다. 하지만 여전히 변하지 않는 것은 정해진 미래를 가능한 정확하게 인지하고, 내 행동과 선택의 기준을 그 미래에서 찾는 것이다. 이것이 가장 기본적인 생존전략이다.

책을 마치며 개인적인 바람을 말해보자면, 지금까지 말한 정해진 미래가 실제로는 발생하지 않았으면 좋겠다. 왜냐하면 내가 말한 미래상이 그대로 재현된다는 것은 정부도, 사회도 그리고 개인도 정해진 미래에 대응하는 전략을 짜지 않았다는 의미이기 때문이다. 반대로 내가 책에서 말한 미래가 발생하지 않았다면 우리가 정해진 미래를 제대로 예측하고 필요한 준비를 잘했음을 뜻한다. 이 책이 여러분이 현명하게 미래를 준비하시는데 조금이라도 도움이 되기를 바란다. 또한 내가 책에서 그린 정해진 미래가 아닌, 여러분의 희망으로 정해갈 미래가 펼쳐지기를 희망한다.

2016년 여름, 베트남 하노이에서

주(註)

1) Retherford, Ogawa, and Matsukura. 2001. "Late Marriage and Less Marriage in Japan" *Population and Development Review* 27:65-102.

2) Moriko, Hayashi, and Matsukura. 2015. "Sexless Marraige in Japan: Prevalence and Reasons" in Ogawa and Sha (eds.) *Low Fertility and Reproductive Health in East Asia*. Springer.

3) 박계현. "20대 1인 가구 주당 4.5회 편의점 찾는 이유는?". 『머니투데이』 2016/06/22.

4) Son, Cho, Oh, Kawachi, Kwon and Lee. 2013. "Social Inequalities in Life Expectancy during the Transition Period of Economic Crisis in Korea" *International Journal for Equity in Health* 11:71.

5) 최성근·이준협. 2015. "우리나라 중산층 삶의 질 변화". 『현안과 과제』 15-06호. 현대경제연구원.

6) 조영태·이보람·사사노미사에. 2014. 『아동인구변화에 따른 사회적 파급효과 연구』. 보건복지부.

7) Rogers and Hackenberg. 1987. "Extending Epidemiologic Transition Theory: A New Stage." *Social Biology* 34: 234-243.

8) Kim(S), Yi, Kim(M), Kim(B), Lee, Jeon, and Cho. 2015. "Unequal Geographic Distribution of Life Expectancy in Seoul." *Asia-Pacific Journal of Public Health* 27 : NP1002-NP1012.

9) Easterlin. 1987. *Birth and Fortune: The Impact of Numbers on Personal*

Welfare. The University of Chicago Press.

10) Preston. 1984. "Children and the Elderly: Divergent Paths for America's Dependents" *Demography* 21:435-457.

11) 한영주. "〔한영주의 1318 희망공작소〕진정한 부자". 『국민일보』 2016/03/ 18.

12) Ueda and Ohzono. 2013. "Comparison between Freeters and Regular Employees: Moderating Effects of Skill Evaluation on the Age-Satisfaction Relationship." *International Business Research* 6:100-107.

13) Heston, Summers, and Aten. 2002. *Penn World Tables Version 6.1*. Center for International Comparison, University of Pennsylvania.

14) Takahashi. 2012. "Tiny 'Key cars' are Big Sellers in Japan." *The Wall Street Journal*. 2012/06/25.

15) 윤대희. "잠재성장률을 높여라". 『파이낸셜뉴스』 2016/01/29.

16) Lichter. 2013. "Integration or Fragmentation? Racial Diversity and the American Future." *Demography* 50:359-391.

17) *Jilin Statistical Yearbook*. 2005와 2013.

18) Schott. 2008. "Foundation for Public Education." 2008. *Given Half a Chance: The Schott 50-state Report on Public Education and Black Males*. Cambridge, M.A.

19) 문현웅. "서울대 왔던 외국인 교수들, 줄줄이 떠난다". 『조선일보』 2016/07/ 26.

20) 고동욱. "종사자 줄고 노령화. 저물어 가는 보험 설계사". 『연합뉴스』 2016/ 07/17.

21) Branigan. "China's Great Gender Crisis," *The Guardian* 2011/11/02. (https://www.theguardian.com/world/2011/nov/02/chinas-great-gender-crisis)

22) Scutti. "One-Child Policy is One Big Problem for China," *The Newsweek* 2014/01/23. (http://www.newsweek.com/2014/01/24/ one-child-policy-one-big-problem-china-245118.html)

23) Myrskyla, Kohler, and Billari. 2009. "Advances in Development Reverse Fertility Decline" *Nature* 460:741-743.

24) 한국고용노사관계학회. 2013.『OECD 회원국의 노동시장지표 비교연구』.

25) 김현경. 2016.『보건복지분야 국제개발협력 활성화 방안』. 한국보건사회연구원. 2016.

26) 통계청 보도자료. 2010. "1993~2055 북한 인구추계."

27) 통계청 보도자료. 2010. "1993~2055 북한 인구추계."

정해진 미래

: 인구학이 말하는 10년 후 한국 그리고 생존전략

2016년 9월 30일 초판1쇄 발행
2024년 5월 10일 1판 21쇄 발행

지은이 조영태

펴낸이 김은경
펴낸곳 ㈜북스톤
주소 서울특별시 성동구 성수이로7길 30, 2층
대표전화 02-6463-7000
팩스 02-6499-1706
이메일 info@book-stone.co.kr
출판등록 2015년 1월 2일 제 2018-000078호
ⓒ 조영태 (저작권자와 맺은 특약에 따라 검인을 생략합니다)
ISBN 979-11-87289-06-7 (03320)

이 책은 한국출판문화산업진흥원 2016년 우수출판콘텐츠 제작 지원 사업 선정작입니다.

북스톤은 세상에 오래 남는 책을 만들고자 합니다. 이에 동참을 원하는 독자 여러분의 아이디어와 원고를 기다리고 있습니다. 책으로 엮기를 원하는 기획이나 원고가 있으신 분은 연락처와 함께 이메일 info@book-stone.co.kr로 보내주세요. 돌에 새기듯, 오래 남는 지혜를 전하는 데 힘쓰겠습니다.